Pillole per la memoria – 15

Isbn 978-88-96576-17-5

Prima edizione: 2013
Seconda edizione: 2021
Edizioni Trabant – Brindisi
www.edizionitrabant.it
redazione@edizionitrabant.it

La presente opera è di pubblico dominio.
La veste grafica, le immagini, gli apparati di prefazione e note del curatore, ove non diversamente specificato, sono © 2013 Edizioni Trabant – tutti i diritti riservati.

Manhès
Un generale contro i briganti

antologia di fonti

Edizioni
Trabant

MALEDETTO E BENEDETTO PER SEMPRE

Si dice comunemente che la storia la scrivano i vincitori. Questo è vero, forse, soltanto per i manuali scolastici. In realtà, la storia la scrivono tutti: vincitori, vinti, spettatori neutrali. Come spesso abbiamo suggerito, basta soltanto andarsela a cercare.

Solo che la vita è molto più comoda per chi non ha questa pazienza. Ci si può accontentare della versione dei fatti fornita dal primo che passa – in questo caso sì, generalmente il vincitore – oppure dallo sconfitto che ci è più simpatico. I problemi si presentano, invece, a chi cerca di confrontare le fonti e si ritrova puntualmente in un guazzabuglio di contraddizioni, pareri discordanti, mille e più versioni differenti dello stesso avvenimento. Districarsi è un compito difficile, ma indispensabile per chi, amatore o professionista che sia, intende dedicarsi allo studio della storia. Mi spingo oltre: è proprio questa contraddittorietà a renderla affascinante.

In questo volume parliamo della vita di un generale francese di epoca murattiana. A un livello più profondo, però, parliamo anche delle mille sfaccettature della storia.

Al giorno d'oggi la figura del generale Manhès è praticamente dimenticata. Nel XIX secolo, invece, il suo nome era piuttosto conosciuto in Italia, al punto da diventare quasi un termine topico. Nominarlo significava, per molti, evocare la legge più inflessibile, spinta ai limiti del sadismo. Soprattutto nel Mezzogiorno, in cui il francese aveva operato negli anni '10 del secolo, fioccava un lunga lista di aneddoti, tutti caratterizzati, quale più quale meno, dalle tinte forti: paesi incendiati, fucilazioni sommarie, condanne a mutilazioni. Un autentico campionario di orrori, che aveva il suo comune denominatore in questo nome: Carlo Antonio Manhès.

La vicenda in sé, per la verità, si racconta in poche parole. Una volta instaurato il dominio napoleonico nel Regno di Napoli, uno dei primi provvedimenti da affrontare era la pacificazione di alcune regioni, in particolare Abruzzo e Calabria, percorse da bande armate di varia natura. L'incarico fu affidato a Charles-Antoine Manhès, aiutante di campo di Murat già distintosi in alcune battaglie, su tutte Austerlitz. Siamo nel 1810: Manhès in poco tempo riuscirà a reprimere completamente le bande, utilizzando quello che viene comunemente detto *il ferro e il fuoco*. Raggiunto l'apice degli onori, il tracollo dell'Impero lo portò, invece, prima a una rocambolesca fuga dall'Italia, successivamente, tra alterne vicende, a una tranquilla pensione nella restaurata monarchia francese.

Qui termina la storia e inizia la storiografia. Con tutti i suoi dilemmi, le sue contraddizioni, gli infiniti punti di vista. È il percorso che abbiamo cercato di seguire in questo volume: vi troverete raccolte le più significative fonti sulla vita di questo personaggio. Con tutta una serie di differenze che cercheremo di tracciare in breve.

Inizialmente, a parlare di Manhès sono i compilatori di alcuni dizionari enciclopedici francesi, pubblicati quando il generale era ancora in vita. Il loro è il punto di vista della Francia, un'ottica quindi piuttosto lontana dall'Italia e interessata a una visione complessiva della sua carriera militare. Sono fonti preziose per conoscere la vita di Manhès prima e dopo l'esperienza napoletana; tuttavia, la loro ragione di interesse risiede più nelle omissioni che nei dettagli. Per queste voci enciclopediche, il generale è un eroe di guerra: veterano delle guerre napoleoniche, decorato ad Austerlitz, ha *tra le altre cose* ben compiuto delle operazioni di ordine pubblico del regno di Murat. La lotta al brigantaggio è dunque soltanto una breve parentesi nella brillante carriera di un militare che continua a godere, negli anni della pensione, del riconoscimento e dei favori della classe dirigente.

Ben diverso il ricordo che Manhès aveva lasciato in Italia. E infatti, nel momento in cui andiamo a leggere le prime testimonianze di autori italiani, il tono cambia sensibilmente. Innanzitutto, costoro non sono, logicamente, interessati più di tanto all'intera carriera di Manhès. È la repressione delle bande armate calabresi l'aspetto su cui focalizzano l'attenzione (parliamo, d'altra parte, di opere dedicate alla storia d'Italia). Con Carlo Botta e Pietro Colletta siamo ancora in un periodo piuttosto vicino agli avvenimenti narrati, ricco di testimoni oculari in vita. I due storici devono, quindi, fare i conti con una consistente mole di aneddoti e racconti popolari sui metodi adottati dal generale francese. Quello che emerge, in sostanza, è il fatto che colui che in patria godeva dell'immagine di un diligente servitore dello Stato, in Calabria aveva fama di crudele amministratore, fautore di leggi draconiane, protagonista di una lunga serie di episodi truculenti. Entrambi gli storici che abbiamo nominato, pur simpatizzando per il regno di Gioacchino Murat, si trovano a confrontarsi con questo aspetto poco lusinghiero della sua amministrazione. Se la cavano in maniera diversa: Botta ammette la ferocia delle misure prese da Manhès, ma la considera un male necessario, concludendone che in Calabria «il suo nome saravvi e maledetto e benedetto per sempre»; Colletta, invece, sminuisce questa fama attribuendola a esagerazioni e calunnie della tradizione orale.

Facciamo un salto di qualche decennio e arriviamo agli anni '60 del XIX secolo. Oramai il generale Manhès è morto, ma la sua fama resta viva, se non altro perché, nel frattempo, gli avvenimenti storici hanno reso nuovamente attuale la sua vicenda. All'indomani dell'Unità, infatti, il neonato Regno d'Italia si trova a confrontarsi con una situazione paragonabile, ma in misura probabilmente peggiore, a quella vissuta a suo tempo da Gioacchino Murat: un nuovo potere politico chiamato a fronteggiare una situazione di anarchia estrema, l'aperta ribellione di interi settori della società organizzatisi in bande armate dedite al saccheggio e alla distruzione. Ai contemporanei, molto più vicini di noi ai tempi di Murat, venne facile richiamare alla memoria l'esperienza di Manhès e utilizzarla come metro di paragone, ora per spronare, ora per criticare il nuovo potere sabaudo.

È qui che si inserisce la testimonianza più lunga e forse più interessante della nostra antologia: quelle *Memorie autografe del generale Manhès intorno a' briganti compilate da Francesco Montefredine*, un feroce libello pubblicato nel 1861 con lo scopo di presentare l'ufficiale murattiano come un modello da seguire per il generale Enrico Cialdini, da poco incaricato della luogotenenza dell'ex Regno delle Due Sicilie. L'autore del pamphlet non nega né rinnega le misure estreme di Manhès; anzi, le approva *in toto* e le vorrebbe attuate anche nel Sud Italia del 1861. È una lettura dura e a volte anche difficile, piena com'è di odio anti-borbonico, anti-clericale e soprattutto di un mal celato razzismo nei confronti dei meridionali, "selvaggi senza legge, senza umanità, con quelle facce brune, con gli occhi scintillanti e foschi", o addirittura più avanti "malnata genìa". Si tratta, però, di una lettura, se pur tutt'altro che rappresentativa dei movimenti filo-unitari, piuttosto utile a ricostruire il clima di esasperazione dei liberali davanti alla difficile pacificazione del Sud; quello stesso clima che avrebbe portato, di lì a poco, ai provvedimenti – per l'appunto, simili a quelli di Manhès – della legge Pica sul brigantaggio. Tanto più che, per Montefredine, qualunque misura, anche la più repressiva, venga adottata, la colpa sarà comunque da addossare al decaduto governo *dei Borboni e dei preti*, che hanno provocato il brigantaggio corrompendo, anno dopo anno, la moralità dei loro sudditi.

Giacinto De Sivo scrive grosso modo negli stessi anni di Montefredine. Mai, però, un punto di vista potrebbe essere più lontano. La voce è, adesso, quella di un intellettuale napoletano fedele ai Borboni, la cui vita è stata colpita e stravolta dall'Unità d'Italia: perseguitato, spogliato dei suoi beni, costretto all'esilio per la sua opposizione alla politica piemontese. Non può essergli simpatico un soldato al servizio di una potenza straniera che ha spodestato i Borboni per mettere al loro posto un re francese; tanto più che, anche in questo caso, scatta un meccanismo di identificazione tra il brigantaggio del 1810 e quello del 1861. Non dimentichiamo che le ultime, appassionate pagine della sua *Storia delle Due Sicilie* sono dedicate proprio al brigantaggio e alla sua repressione. Manhès, allora, è tutt'altro che un esempio da seguire: è l'autore di *misfatti di cui inorridisce l'umanità*. Un servo degli invasori, interessato non tanto a colpire i briganti, quanto l'inerme popolazione civile, su cui si abbatte come una calamità naturale. Nel breve paragrafo che gli dedica, De Sivo, con il suo stile infiammato, ne traccia un ritratto apocalittico, come un flagello biblico intento a disgregare ogni legame sociale, ogni forma di religiosità o di sentimento.

È la stessa linea adottata, una decina di anni più tardi, da un altro scrittore di parte borbonica, Giuseppe Buttà. Quando il sacerdote messinese compila la sua storia dei Borboni di Napoli, anche il brigantaggio post-unitario è ormai un ricordo lontano. Tra il 1861 e il 1864 le misure del Regno d'Italia sono state così energiche da estirparne ogni ragione d'essere; allo stesso tempo, hanno rafforzato il paragone, prima soltanto ipotizzabile, con le azioni di Manhès.

Quindi, ancora una volta la rievocazione di quegli avvenimenti di inizio XIX secolo è vissuta come una metafora della storia più recente. Buttà, però, aggiunge esplicitamente un nuovo dettaglio: si rifiuta di considerare le bande del 1810, così come quelle del 1861, un fenomeno di delinquenza comune, quanto piuttosto una forma di resistenza popolare armata contro l'invasore straniero. Il suo Manhès, dunque, è affatto il guardiano dell'ordine e della pace tracciato dai vari Colletta e Montefredine, ma, come e più di quello di De Sivo, un criminale di guerra intento a soffocare nel sangue la giusta ribellione di un popolo assoggettato.

Come si vede, ci troviamo davanti a una serie di interpretazioni assolutamente inconciliabili della figura di Manhès. Attenzione: *interpretazioni*, non *ricostruzioni*. È una differenza importante da rimarcare. Tra gli autori che abbiamo raccolto, non sono tanto gli aneddoti a cambiare, tanto più che spesso costoro hanno utilizzato l'opera del predecessore come fonte documentaria (Buttà, ad esempio, ammette esplicitamente di trarre le sue informazioni da Colletta). Quello che cambia, più semplicemente, è il *giudizio di valore*. I fatti sono lì, assodati: bande armate, un ufficiale ambizioso, una serie di leggi eccezionali, il ripristino dell'ordine attraverso inflessibili azioni di polizia. Eppure, le domande restano.

Chi era davvero Manhès? Un benemerito pacificatore, o un sadico genocida? Un liberatore dalla tirannia o un dominatore straniero? E le bande: delinquenti comuni o partigiani in lotta per l'indipendenza?

Sono quesiti che resteranno in sospeso e, quel che più conta, chi ha cercato di fornire una risposta è stato anche spesso, e in modo consistente, influenzato dagli avvenimenti del suo presente. E non sappiamo quanto ci aiuterebbe, forse, avere accesso a quelle memorie autografe di Manhès che tanti autori affermano di avere consultato, ma sembra non siano mai state pubblicate nella loro forma originaria. Chissà cosa pensava di sé il generale.

È un fatto che Manhès amasse l'Italia, tant'è che continuò a visitarla spesso anche negli anni della pensione, con il beneplacito di Re Ferdinando II di Borbone. Con tutta probabilità, era sinceramente convinto di essere stato un benefattore dei popoli meridionali. Avremmo buon gioco a ricordare che anche il feldmaresciallo

Kesselring dichiarò, una volta, che gli italiani avrebbero dovuto dedicargli un monumento; ma questa sarebbe una malignità gratuita. In ogni caso, Manhès il suo monumento l'ha avuto, e anche in Italia, dove la sorte gli riservò di morire nel 1854, durante una visita alla figlia, sposata con un nobile napoletano. È seppellito, assieme alla moglie, nella chiesa di San Domenico a Benevento.[1] La lapide recita:

> ALLA MEMORIA DILETTA E AL MESTO DESIDERIO
> DEL CONTE CARLO ANTONIO MANHÈS GENERALE DI FRANCIA
> ERGEA PIANGENDO QUESTI VEDOVI MARMI LA FIGLIA MARIA LUISA
> POICHÈ A LUI GLORIA DELLA SUA TERRA E DECORO DI QUESTA
> CHE GLI ABRUZZI E LE CALABRIE LIBERANDO FECE SICURA
> E PRODE FRA' PRODI DEL PRIMO NAPOLEONE
> EBBE MENTE ECCELSA INTEMERATO ANIMO AFFETTI NOBILISSIMI
> IL MORBO D'ASIA OLTRE LA MORTE SPIETATO
> VIETÒ GIACERE TRA I FAMILIARI AVELLI
> PRESSO LA POLVE DEI SUOI CARI
> OVE SOLEVA POSARE PENSOSO
> E BRAMAVA LA TOMBA

E questa, probabilmente, è da considerarsi la fonte conclusiva sulla sua vita. A chi capitasse di passare davanti al monumento funebre, difficilmente potrebbe venire in mente l'idea che lo stesso uomo di "mente eccelsa, intemerato animo e affetti nobilissimi" sia stato definito anche "un mostro di crudeltà". Tuttavia, chiuderemo un occhio almeno nel caso dell'iscrizione tombale posta da una figlia al padre defunto. Ci sarà un motivo, dopotutto, se sono sempre i migliori quelli che se ne vanno.

---

[1] Nel licenziare l'edizione rivista di questo volume, dobbiamo fare una correzione a questo proposito. In effetti quella della chiesa di San Domenico a Benevento non è la reale sepoltura di Manhès, ma un cenotafio eretto in suo onore. Manhès morì infatti in Italia, ma le sue spoglie furono traslate in Francia. [Nota 2021]

MANHÈS

UN GENERALE CONTRO I BRIGANTI

Un ringraziamento particolare a Ciro Coppola per la consulenza nella compilazione e traduzione di questa antologia.

Louis Gabriel Michaud

Biographie des hommes vivants

(1818)

Scritta mentre Manhès era ancora in vita, questa breve biografia traccia la vita del generale senza spendere troppe parole sull'attività contro il brigantaggio, cui sono dedicate non più di due frasi. Si parla in modo sbrigativo di sue azioni di repressione delle rivolte, con la notazione di un burocratico "con risultati spesso soddisfacenti".

MANHÈS (CHARLES-ANTOINE, CONTE) nato il 4 novembre 1777 ad Aurillac, ha compiuto i suoi studi al collegio della città natale, dove suo padre era procuratore del tribunale. All'età di quindici anni gli amministratori del suo dipartimento lo nominano allievo della École de Mars, dove è inizialmente artigliere. Il suo impegno lo porta a essere nominato allievo-istruttore. È da qui che nel 1794 parte, con il grado di tenente, per le campagne dell'armata del Reno e della Mosella, quella d'Italia e quella di Germania fino al 1806, e dopo la battaglia di Austerlitz ottiene il brevetto di capitano. Nel 1809 diventa colonnello e si trasferisce con il re Murat nel regno di Napoli, dove è impiegato, con risultati spesso soddisfacenti, nella repressione delle rivolte in Abruzzo. Nel 1811 è nominato comandante capo della seconda, quarta e quinta divisione territoriale; l'anno successivo, quando le truppe francesi sono richiamate in patria, la difesa del Regno di Napoli dall'armata anglo-siciliana di Lord Bentink è lasciata alle sole truppe napoletane agli ordini del generale Manhès, che ben si comporta nei due anni successivi. Nel 1814 gli Abruzzi si ribellano contro Murat, che sembrava allora fare causa comune con gli alleati, e il compito di riportare l'ordine viene nuovamente affidato al generale Manhès. A seguito della seconda guerra che Murat ha voluto combattere in Italia, il generale è incaricato del governo di Napoli; ma, alla notizia della disfatta dell'armata napoletana, parte per difendere le frontiere esposte all'invasione austriaca. È allora che, per prevenire il nemico, sconfina nello Stato della Chiesa, dove le sue truppe sono male accolte e costrette a retrocedere. Per questo è richiamato a Napoli e sostituito dal generale Macdonald. A questo punto avviene la fuga di Murat, che scappa senza avvertire i suoi ufficiali e lasciandoli così in una situazione più che critica. Di fronte a questa disfatta, il geneale Manhès, pensando alla salvezza sua e della sua famiglia, si imbarca su un bastimento inglese, munito di passaporto, e lascia Napoli assieme al generale Pignatelli-Cerchiara, suo suocero, e il re fuggitivo che ha accolto a bordo. Arrivano a Cannes il 25 maggio, ed è proprio li che le strade di Murat e Manhes si separano. Ritiratosi a Marsiglia con la famiglia, inizia a lavorare per il re. A seguito di un'ordinanza del 25 dicembre 1816, Sua Maestà l'ha ammesso al servizio della Francia con il grado di tenente-generale. Bibliografia: *Notice historique sur M. Le lieutenant – général C.A. De Manhes*, a cura di M. De G***., ufficiale del suo stato maggiore nel Regno di Napoli, Parigi, 1817.

Jean Baptiste Pierre Jullien de Courcelles

Dictionaire historique et biographique
des généraux francais

(1823)

Le annotazioni di Jean Baptiste de Courcelles, nelle sue biografie dei generali francesi, sono molto più corpose del testo precedente. Anche qui, come prima, ci viene presentato essenzialmente il punto di vista francese. La narrazione, per la parte che ci interessa, descrive Manhès come un benefattore dei popoli del sud, per avere pacificato la regione dopo che l'assenza del re aveva provocato lo spadroneggiare di bande di banditi già radicate nel territorio. A riprova di ciò, de Courcelles riferisce dei doni offertigli, in segno di riconoscenza, dalla popolazione di Castrovillari. Quanto ai metodi adottati, l'allusione è sintetica e volutamente ambigua: "Ancora oggi il suo nome è celebre tra i calabresi per le misure adottate all'epoca per riportare la calma nella provincia".

MANHÈS (Charles-Antoine), *conte, tenente generale*, nato ad Aurillac nella regione dell'Auvergne, il 14 ottobre 1777. Appartenente a una famiglia agiata, compie gli studi al collegio reale di Aurillac. All'età di quindici anni gli amministratori della circoscrizione di Cantal lo nominano allievo alla École de Mars, e segue il corso di artiglieria. Quando la scuola viene chiusa, i governanti decidono che gli allievi che si sono maggiormente distinti saranno incorporati nei quadri dell'esercito con il grado di sottotenente, e il giovane Manhès, al tempo allievo istruttore, è inviato al 3° Battaglione di Cantal (successivamente 25° Reggimento di Fanteria di linea). Inquadrato nel battaglione il 6 aprile 1795, partecipa alle campagne degli anni 1795, 1796 e 1797 con l'armata del Reno e quella della Mosella, e quelle degli anni 1798, 1799 e 1800 con l'armata d'Italia. Si distingue nella battaglia di Novi, dove viene ferito alla gamba destra. Appena guarito da questa ferita, il 24 dicembre 1799 si unisce nuovamente al suo battaglione, all'epoca impegnato presso il fiume di Genova; e, al suo arrivo, è promosso tenente per acclamazione dei suoi commilitoni. All'epoca le truppe che occupavano la Liguria erano sottoposte a ogni genere di privazione; la più dura tra queste, una malattia contagiosa, decimava ogni giorno quei prodi che né il ferro né il fuoco austriaco erano riusciti a colpire a Novi. I vari corpi d'armata organizzavano un costante lavoro di staffetta per poter tenere in comunicazione le varie posizioni, e Manhès partecipa a una di queste a Nizza. Nel 1800, durante i fatti di Gravières, presso Suze, alla testa di una compagnia di granatieri penetra fra i primi nelle retrovie nemiche, che sono prese d'assalto. Il generale di brigata Michaud, saputo del valore del giovane ufficiale, se lo prende come aiutante di campo, il 2 gennaio 1801. Manhès abbandona allora il suo reggimento, presso il quale lascia onorevoli ricordi. Il brevetto di capitano, ricevuto il 6 giugno 1806, è il premio per i servigi resi durante le campagne degli anni 1801, 1802, 1803, 1804, 1805 e 1806 assieme all'Armata d'Italia, all'Armata di Osservazione e alla Grande Armata: partecipa infatti alla celebre battaglia di Austerlitz. Nel 1804 aveva già ricevuto la Legion d'Onore. Partecipa alla campagna del 1806 e 1807 contro la Prussia, e riceve il grado di Capo Squadrone, il 4 aprile 1807. Poco tempo dopo diventa aiutante di campo del Gran Duca di Berg (Murat), e in questa veste ha un ruolo in tutti i fatti che riguardano la Grande Armata fino alla pace di Tilsitt. Nello stesso periodo riceve una donazione di terreni in Westfalia. Segue poi il Gran Duca di Berg in Spagna. I successivi avvenimenti di Aranjuez quasi costa la vita al Principe de la Paix. Sottratto alle mani delle guardie del corpo di Re Ferdinando, il Principe si nasconde presso la residenza reale di Casa del Campo, dove Murat gli concede asilo. Napoleone aveva ordinato al Gran Duca di Berg di fare accompagnare il principe spagnolo fino a Bayonne sotto la scorta di un ufficiale coraggioso e intelligente; Manhès è incaricato di questa missione e riesce a superare tutti gli ostacoli che si presentano durante il viaggio da Madrid a Bayonne, ricevendo attestati di soddisfazione da parte di Napoleone. Il re e la regina di Spagna, allo stesso modo, gli manifestano i propri favori. Dopo questa missione, Manhès si reca a Parigi, dove è destinato ad accompagnare, come aiutante di campo, il Gran Duca di Berg, a cui Napoleone ha donato il trono di Napoli. Appena arrivato in questa capitale, Gioacchino lo nomina cavaliere dell'Ordine Reale delle Due Sicilie e gli conferisce il grado di colonnello. Manhès, dopo essersi trovato alla conquista dell'isola di Capri e in diversi combattimenti contro gli Inglesi, è incaricato di una importante missione negli Abruzzi, che compie con grande soddisfazione generale e gli frutta, come ricompensa da parte del Re di Napoli, il grado di generale di brigata. Gli abitanti dell'Abruzzo, da parte loro, gli conferiscono il diploma di Primo Cittadino e Liberatore della provincia. Nel 1810 il generale Manhès lascia l'amministrazione degli Abruzzi per compiere una missione contro la Sicilia. Dopo aver riunito tutte le imbarcazioni e gli altri mezzi di trasporto nel porto di Tropea, fa loro passare il Capo Vaticano, davanti alle forze navali inglesi. Si trova in seguito a tutti i combattimenti tenutisi allora sullo stretto di Messina. Da tempi immemorabili e sotto ogni forma di governo, i Calabresi erano tormentati da bande di briganti. Queste bande approfittavano dell'assenza del re, dovuta alla spedizione contro la Sicilia, per spingersi fino ai peggiori eccessi. Gioacchino, intenzionato a distruggerle, manda allora contro di loro il generale Manhès, il quale giustifica in pieno la fiducia accordatagli dal governo napoletano, portando a compimento un compito così gravoso. Ancora oggi il suo nome è celebre tra i calabresi per le misure adottate all'epoca per riportare la calma nella provincia. Il distretto di Castrovillari gli ha donato una sciabola di ottima fattura, con incisa la seguente scritta: *Per la restabilita tranquillità, il distretto di Castrovillari riconoscente*. Tutte le città si sono preoccupate di testimoniare la propria riconoscenza al generale Manhès, e la città di Cosenza, capitale delle Calabrie, ha inserito il suo nome tra quello dei Primi Cittadini. Una volta che la pacificazione delle Calabrie è del tutto raggiunta, Gioacchino promuove Manhès al grado di generale di divisione, e gli dona dei terreni e il titolo di Conte. Nel 1811, il generale Manhès è incaricato di un comando assai importante, quello della seconda, terza e quinta divisione territoriale, cioè circa due terzi del Regno di Napoli. Nell'assolvere questo compito, acquista la stima della popolazione e rende il nome del sovrano rispettabile tra il popolo. Nel 1812, quando le truppe francesi sono richiamate indietro dal Regno di Napoli, Gioacchino incarica il conte Manhès di rimpiazzarle, nei presidi sul canale di Messina, con quei corpi che il generale aveva ai suoi ordini, e che erano composti in parte da nuove leve e guardie civiche da lui istituite. Il generale Manhès riesce così a respingere tutti i tentativi degli Inglesi di sbarcare in Calabria. È grazie all'intercessione del generale Manhès se la maggior parte degli emigrati possono far ritorno alla propria casa, e gli sono debitori di tutti i favori che si è preoccupato di prodigare loro durante la sua amministrazione delle Calabrie. Verso la fine del 1814 il Re richiama il generale Manhès a Napoli, per nominarlo primo ispettore generale di gendarmeria con il compito di perfezionare l'organizzazione di questo corpo. È anche decorato del Gran Cordone dell'Ordine delle Due Sicilie. Nel 1815 Gioacchino decide di muovere guerra all'Italia e affida a Manhès il comando supremo di Napoli e della prima divisione territoriale, formata dai dipartimenti di Castellammare e Pozzuoli, nonché delle isole di Capri, Ischia e Procida. Nello stesso periodo, il governo francese a Napoli non aveva più né ambasciatore né console, e tutti i francesi stabilitisi numerosi in questo paese si trovavano privi di qualcuno che difendesse i loro diritti e i loro averi. Dopo essersi riuniti e aver considerato quali erano i loro compatrioti allora a Napoli, decidono di inviare una delegazione al generale Manhès, come segno della loro fiducia in lui, consegnandosi alla sua speciale protezione. Il generale Manhès accetta di buon grado questa testimonianza di stima e considerazione e dà prova di esserne all'altezza. La sconfitta nella battaglia di Tolentino, il 3 maggio 1815, segna la sorte dell'Armata Napoletana e dello stesso Murat; Manhès viene inviato sul Liri per opporsi alle truppe austriache comandate dal generale Nugent, ma è richiamato per riprendere l'amministrazione di Napoli, ed è grazie alla sua ottima condotta che questa capitale ha potuto godere di un'insperata tranquillità malgrado il momento negativo. Informato della fuga di Murat, il generale Manhès richiede e ottiene un passaporto il 19 maggio a sera; durante la notte, si imbarca con la sua famiglia su un brigantino battente bandiera inglese che aveva fatto preparare per l'occasione. Gli inglesi pongono qualche ostacolo alla partenza di questa imbarcazione, ma il 20 maggio Manhès riesce a spiegare le vele, nonostante i venti contrari. Il 21 mattina, passando davanti all'isola d'Ischia, una barca di pescatori accosta il brigantino e il colonnello Bonafoux, riconoscendo il generale Manhès, non perde tempo a comunicargli che viene a chiedere, da parte del re Murat, un posto sulla sua imbarcazione; e Manhès riceve con piacere lo sventurato principe. Sbarcati a Cannes il 25 maggio mattina, qualche giorno più tardi Manhès lascia la città, dove invece si trattiene Murat, per portarsi a Marsiglia. Si trova in questa città nel momento in cui i Marsigliesi si sollevano contro Napoleone e il maresciallo Brine si mette in fuga per portarsi nel Var. Il generale Manhès è arrestato; ma fattosi portare presso il visconte di Bruges, commissario del re nel Sud, e avendo combattuto per i Borboni, viene rimesso in libertà. Allora si sposta a Genova e da lì a Lione. Questa era al tempo occupata dagli Austriaci, e il generale Manhès teme per un momento per la sua libertà; ma si presenta al suo compatriota il conte di Fargues, sindaco di Lione, e gli affida, il 15 agosto 1815, una lettera indirizzata a Sua Maestà Luigi XVIII, con la quale il conte Manhès chiede l'onore di ottenere un incarico. Si trova a Parigi quando, per decisione ministeriale, tutti gli ufficiali sono costretti a fare ritorno alla città natale: Manhès torna così ad Aurillac e si trovava lì in occasione degli avvenimenti dell'Isère. Nel 1816 ottiene il permesso di risiedere a Parigi. È ammesso al servizio della Francia con il grado di tenente-generale, il 25 dicembre dello stesso anno. Sua Maestà lo fa ufficiale della Legion d'Onore e cavaliere dell'Ordine Reale e Militare di San Luigi. È tuttora inquadrato nel novero dei tenenti generali.

CARLO BOTTA

STORIA D'ITALIA DAL 1789 AL 1814

CAP. XXIV

(1824)

Con Carlo Botta presentiamo la prima fonte italiana, in quanto tale interessata non tanto a trattare la biografia completa del personaggio, quanto a concentrarsi sulle gesta compiute nel Regno di Napoli; l'esperienza italiana diventa, dunque, non più una breve parentesi nella carriera militare di Manhès, ma l'argomento principale. L'autore è stato francofilo e sostenitore di Napoleone in vita, tuttavia, nel momento in cui scrive la Storia d'Italia, dimostra un certo senso critico nei confronti della politica francese. La sua visione delle gesta di Manhès risente di questa ambiguità di fondo; da un lato sostiene a più riprese che la grave situazione della Calabria rendesse necessaria un'opera di repressione; dall'altro ammette gli eccessi usati da Manhès e descrive più di un episodio truculento. Alla fine, il suo giudizio resta sospeso, e tutto si riassume nella frase conclusiva: "il suo nome saravvi e maledetto e benedetto per sempre".

Partito l'esercito, i facinorosi della Calabria di nuovo uscendo dai loro ripostigli, ripullulavano, ed ogni cosa mettevano a ruba ed a sangue. Niuna strada, non che maestra, rimota, niun casale sparso, niun campo riposto erano più sicuri. Divisi in bande, e sottomessi a capi si erano spartite le provincie. Carmine Antonio e Mescio infestavano coi loro seguaci Mormanno e Castrovillari; Benincasa, Nierello, Parafanti e Gosia il distretto di Nicastro ed i casali di Cosenza; Boja, Giacinto Antonio ed il Tiriolo la Serra stretta ed i borghi di Catanzaro; Paonese, Massotta e il Bizzarro le rive dei due mari e la estremità dell'ulteriore Calabria. Spaventò il Bizzarro specialmente, e lungo tempo la selva di Colano e le strade da Seminara a Scilla. Questi erano gli effetti delle antiche consuetudini e delle guerre civili presenti. Si temeva, che alla prima occasione i capi politici contrarj al governo, i Carbonari massimamente ed i loro aderenti di nuovo prorompessero a moti pericolosi. Si sapeva, che i Carbonari, sempre nemici dei Francesi, quantunque se ne stessero quieti, fomentavano non le ruberìe e gli assassinj, che anzi cercavano di frenarli, ma la incitazione e l'empito, per voltarlo, quando che fosse, contro quella nazione, che tanto odiavano. Si tendeva adunque per ogni parte necessario a Murat l'estirpar del tutto quella peste dei facinorosi di Calabria, e lo spegnere, se possibil fosse, la setta tanto importuna dei Carbonari. Varj per questo fine erano stati i tentativi ai tempi di Giuseppe, varj altresì ai tempi di Murat, ma sempre infruttuosi, non tanto per la forza della parte contraria, e per la difficoltà dei luoghi, quanto pei consigli spartiti, e la mollezza delle risoluzioni. A ciò fare era richiesto un uomo inesorabile contro i malvagj ed un'autorità piena per punirli. Un Manhes generale, ajutante di campo di Murat, che già aveva con singolar energia pacificato gli Abruzzi, parve al re uomo capace di condurre a buon fine l'opera più difficile delle Calabrie. Il vi mandò con potestà di fare come e quanto volesse. Era

Manhes di aspetto grazioso, di tratto cortese, non senza spirito, ma di natura rigida ed inflessibile, nè strumento più conveniente di lui poteva scegliere Giovacchino per conseguir il fine che si proponeva. Arrivava Manhes nelle Calabrie, a questo solo disposto, che le Calabrie pacificasse; del modo, qualunque ei fosse, non si curava: ciò si pose in pensiero di fare, e fecelo, ferocia a ferocia, crudeltà a crudeltà, insidia ad insidia opponendo; e se questi rimedj sono necessarj, che veramente erano in Calabria, per ridurre gli uomini a sanità, io veramente della umana generazione mi dispero. Primieramente considerò Manhes, che l'operare spartitamente avrebbe guastato il disegno, perchè i facinorosi fuggivano dal luogo, in cui si usava più rigore, in quello, in cui si procedeva più rimessamente: così cacciati e tornati a vicenda da un luogo in un altro, sempre si mantenevano. Secondamente andò pensando, che i proprietarj, anche i più ricchi, ed i baroni stessi, che vivevano nelle terre, ricoveravano, per paura di essere rubati e morti, questi uomini barbari. Dal che ne nasceva, che se non si trovava modo di torre loro questi nascosti nidi, invano si sarebbe operato, per ispegnerli. Si aggiungeva, che la gente sparsa per le campagne, per non essere manomessa da loro, dava loro, nonché ricovero, vettovaglie, e così fra il rubare, il nascondersi ed il vagare era impossibile il sopraggiungerli. Vide Manhes convenirsi, che con qualche mezzo straordinario, giacchè gli ordinarj erano stati indarno, si assicurassero gli abitatori buoni, i briganti s'isolassero. Da ciò ne cavava quest'altro frutto, che i giudizj sarebbero stati severi, operando contro i delinquenti l'antica paura ed i danni sopportati. Ferro contro ferro, fuoco contro fuoco abbisognava a sanare tanta peste, e medicina di ferro e di fuoco usò Manhes. Per arrivare al suo fine quattro mezzi mise in opera, notizia esatta dal numero dei facinorosi comune per comune, intiera loro segregazione dai buoni, armamento dei buoni, giudizj inflessibili. Chi si diletta di considerare le faccende di stato, ed i mezzi che riescono, e quelli che non riescono, vedrà nelle operazioni di questo prudente e rigido Francese, quanto i mezzi suoi quadrassero col fine, e ch'ei non andò per le chimere e le astrazioni, come fu l'uso dell'età. Ordinò, che ciascun comune desse il novero de' suoi facinorosi, pose le armi in mano ai terrazzani, partendogli in ischiere, fe' ritirare bestiami e contadini ai borghi più grossi, che erano guardati da truppe regolari, fe' sospendere tutti i lavori di agricoltura, dichiarò caso di morte a chiunque, che ai corpi armati da lui non essendo ascritto, fosse trovato con viveri alla campagna, mandò fuori a correrla i corpi dei proprietarj armati da lui

Un generale contro i briganti   27

comune per comune, intimando loro, fossero tenuti a tornarsene coi facinorosi o vivi o morti. Non si vide più altro nelle selve, nelle montagne, nei campi, che truppe urbane, che andavano a caccia di briganti, e briganti che erano cacciati. Quello che rigidamente aveva Manhes ordinato, rigidamente ancora si effettuava. I suoi subalterni il secondavano, e forse non con quella retta inflessibilità, ch'egli usava, ma con crudeltà fantastica e parziale. Accadevano fatti nefandi: una madre, che ignara degli ordini, portava il solito vitto ad un suo figliuolo, che stava lavorando sui campi, fu impiccata. Fu crudelmente tormentata una fanciulla, alla quale furon trovate lettere indiritte a uomini sospetti. Nè il sangue dei Carbonari si risparmiava. Capobianco loro capo, tratto per insidia, e sotto colore di amicizia nella forza, fu ucciso. Un curato ed un suo nipote entrati nella setta, furono dati a morte, l'uno veggente l'altro, il nipote il primo, lo zio il secondo. Rifugge l'animo a me, che già tante orrende cose raccontai, dal raccontare i modi barbari, che contro di loro si usarono. I Carbonari spaventati dalle uccisioni, perchè molti di loro perirono nella persecuzione, si ritirarono alle più aspre montagne.

I facinorosi intanto, o di fame, per essere il paese tutto deserto e privo di vettovaglie, perivano, o nei combattimenti, che contro gli urbani ferocemente sostenevano, morivano, o preferendo una morte pronta alle lunghe angosce, o da se medesimi si uccidevano, o si davano volontariamente in preda a chi voleva il sangue loro. I dati o presi, condotti innanzi a tribunali straordinarj composti d'intendenti delle provincie, e di procuratori regj, erano partiti in varie classi, quindi mandati a giudicare dai consigli militari creati a posta da Manhes. Erano o strangolati sui patiboli, o soffocati dalla puzza in prigioni orribili: gente feroce e barbara, che meritava supplizio, non pietà. Nè solo si mandavano a morte i malfattori, ma ancora chi li favoriva, o poveri, o ricchi, o quali fossero o con qual nome si chiamassero; perciocchè, se fu Manhes inesorabile, fu anche incorruttibile. Pure, per opera di chi aveva natura diversa dalla sua, si mescolavano a pene giuste fatti iniqui. Succedevano vendette, che mi raccapriccio a raccontare. Denunziati dai facinorosi, che per ultimo misfatto usavano mortali calunnie, alcuni innocenti furono presi e morti. Talarico di Carlopoli, capitano degli urbani, devoto e provato servitore del nuovo governo, accusato, per odio antico, da un facinoroso, piangendo ed implorando tutti la sua grazia, fu dato a morte. Parafanti donna, per essere, come si disse, stata moglie del facinoroso di questo nome, arrestata con tutti i suoi parenti, e dannata con loro all'ultimo supplizio, perì. Posti in fila nel destinato giorno, l'infelice donna la prima, i parenti dietro, preti e boja alla coda, marciavano in una processione distendendosi, ch'io non so con qual nome chiamare. Eransi poste in capo ai dannati berrette dipinte a fiamme, indosso vesti a guisa di San-Benito; cavalcavano asini a ritroso ed a bisdosso. A questo modo si accostarono al patibolo: quivi una morte crudele pose fine ad una commedia fantastica ed orribile. Nè davano solamente supplizj coloro, che a ciò fare erano comandati, ma ancora i paesani spinti da rabbia e da desiderio di vendetta infierivano contro i malfattori: insultavano con ischerni ai morti, straziavano con le unghie i vivi, dalle mani dei carnefici togliendoli per ucciderli. Furono i Calabri facinorosi sterminati da Manhes fino ad uno. Chi non morì pei supplizj, morì per fame. I cadaveri di molti nelle vecchie torri, o negli abbandonati casali, od anche sugli aperti campi si vedevano spiranti ancor minacce, ferocia e furore: la fame gli aveva morti. Dei presi, alcuni ammazzavano le prigioni prima dei patiboli. Le torre di Castrovillari angusta e malsana videne perire nell'insopportabile tanfo gran moltitudine.

La contaminazione abbominevole impediva ai custodi l'avvicinarsi; i cadaveri non se ne ritiravano, la peste cresceva, i moribondi si brancolavano per isfinimento e per angoscia sui morti, i sani sui moribondi, e se stessi, come cani, con le unghie e coi denti laceravano. Infame pozza di putrefatti cadaveri diventò la castrovillarese torre; sparsesi la puzza intorno, e durò lunga stagione; le teste e le membra degl'impiccati appese sui pali di luogo in luogo rendettero lungo tempo orrenda la strada da Reggio a Napoli. Mostrò il Crati cadaveri mutilati a mucchj: biancheggiarono e forse biancheggiano ancora le sue sponde di abbominevoli ossa. Così un terror maggiore sopravanzò un terror grande. Diventò la Calabria sicura, cosa più vera che credibile, sì agli abitatori che ai viandanti; si apersero le strade al commercio, tornarono i lavori all'agricoltura, vestì il paese sembianza di civile, da barbaro ch'egli era. Di questa purgazione avevano bisogno le Calabrie; Manhes la fece: il suo nome saravvi e maledetto e benedetto per sempre.

PIETRO COLLETTA

STORIA DEL REAME DI NAPOLI DAL 1734 AL 1825

VOL. II LIB. 7 PARR. XXVII-XXIX

(1834)

Ancora una fonte italiana, e ancora una volta un autore tendenzialmente filo-murattiano. Si tratta, però, della prima fonte in esame di uno scrittore meridionale, in parte testimone oculare degli avvenimenti. La sua posizione è più netta di quella del Botta: parte anch'egli dalla descrizione di una situazione di anarchia tale da richiedere misure estreme e ammette i metodi inflessibili adoperati da Manhès; aggiunge però un dettaglio nuovo, la convinzione cioè che gran parte dei racconti sulle efferatezze del generale siano dicerie popolari, esagerazioni o addirittura falsità inventate per screditarlo. Secondo il suo punto di vista, Manhès resta un benefattore, un uomo che ha restituito alla Calabria non soltanto l'antica pace, ma addirittura una condizione di sicurezza e prosperità assente prima.

XXVII. Mentre il re stava in Calabria con molta parte dell'esercito, quelle stesse provincie e le altre del Regno erano sempre mai travagliate dal brigantaggio; le provvigioni di guerra predate sul cammino, i soldati assaliti ed uccisi per fino intorno al campo. Un giorno nelle pianure di Palma il re, incontrandosi ad uomo che i gendarmi menavano legato, dimandò chi fosse; e prima di ogni altro parlò il prigione e disse: «Maestà, sono un brigante, ma degno di perdono, perchè ieri mentre Vostra Maestà saliva i monti di Sicilia ed io stava nascosto dietro ad un macigno, poteva ucciderla; n'ebbi il pensiero, preparai le armi, e poi l'aspetto grande e regio mi trattenne. Ma se io ieri uccideva il re, oggi non sarei preso e vicino a morte.» Il re gli fece grazia, il brigante baciò il ginocchio del cavallo, partì libero e lieto, e da quel giorno visse onestamente nella sua patria.

Gioacchino poi che vidde possibile ogni delitto a' briganti, fece legge che un generale avesse potere supremo nelle Calabrie su ogni cosa militare o civile per la distruzione del brigantaggio. Il generale Manhes, a ciò eletto, passò il seguente ottobre in apparecchi, aspettando che le campagne s'impoverissero di frutta e foglie, aiuti a' briganti per alimentarsi e nascondersi; e dipoi palesò i suoi disegni. Pubblicate in ogni comune le liste de' banditi, imporre a' cittadini di ucciderli o imprigionarli; armare e muovere tutti gli uomini atti alle armi; punire di morte ogni corrispondenza co' briganti, non perdonata tra moglie e marito, tra madre e figlio; armare gli stessi pacifici genitori contro i figli briganti, i fratelli contro i fratelli; trasportare le gregge in certi guardati luoghi; impedire i lavori della campagna, o permetterli col divieto di portar cibo; stanziare gendarmi e soldati ne' paesi; non a perseguire i briganti, a vigilare severamente sopra i cittadini. Nelle vaste Calabrie, da Rotonda a Reggio, cominciò simultanea ed universale la caccia al brigantaggio.

Erano quelle ordinanze tanto severe che parevano dettate a spavento; ma indi a poco, per fatti o visti o divulgati dalla fama e dal generale istesso, la incredulità disparve. Undici della città di Stilo, donne e fanciulli (poiché i giovani robusti stavano in armi perseguitando i briganti) recandosi per raccorre ulivi ad un podere lontano, portavano ciascuno in tasca poco pane, onde mangiare a mezzo del giorno e ristorare le forze alla fatica. Incontrati da' vigilatori gendarmi, dei quali era capo il tenente Gambacorta (ne serbi il nome la istoria), furono trattenuti, ricercati sulla persona, e poiché provvisti di quel poco cibo, nel luogo istesso, tutti gli undici uccisi. Non riferirò ciò che di miserevole disse e fece una delle prese donne per la speranza, che tornò vana, di salvare, non sé stessa, ma un figliuolo di dodici anni.

In un bosco presso a Cosenza fu sorpreso uomo canuto per vecchiezza, che ad altro uomo, giovine a vedersi, magro per fame ed armato, dava poco vitto; era questo un brigante fuggitivo, e quegli il padre. Arrestàti entrambi e dannati a morte, furono giustiziati nella piazza di Cosenza; e per dare alla pietà del vecchio il maggiore supplizio, si fece morir secondo, ed assistere alla morte del figlio.

Nel bosco di San Biase nacque di donna che fuggiva col marito brigante, un bambino; e perchè intoppo al fuggire, e con gl'innocenti vagiti denunziatore del luogo che nascondeva i genitori, la madre, portatolo di notte nella città di Nicastro, destò un'amica, le consegnò piangendo il figliuolo, e tornò al bosco. Ne' dì seguenti, saputo il fatto, il generale Manhes prese del bambino provvida cura, ma la pietosa nutrice fu per castigo uccisa. E qui mi arresto perchè l'animo non basta a narrare altri fatti i quali certificarono delle orribile minacce del generale essere l'adempimento certo, inflessibile, maggiore.

XXVIII. Lo spavento in tutti gli ordini del popolo fu grande, e tale che sembravano sciolti i legami più teneri di natura, più stretti di società; parenti e amici dagli amici e parenti denunziati, perseguìti, uccisi; gli uomini ridotti come nel tremuoto, nel naufragio, nella peste solleciti di sé medesimi, non curanti del resto dell'umanità. Per le quali opere ed esempii viepiù cadendo i costumi del popolo, le susseguenti ribellioni, le sventure pubbliche, le tirannidi, derivavano in gran parte dal come nel regno surse, crebbe e fu spento il brigantaggio. Questa ultima violenza non fu durevole: tutti i Calabresi, perseguitati o persecutori, agirono disperatamente; e poiché i briganti erano di gran lunga minori, e, spicciolati, traditi, sostenitori d'iniqua causa, furono oppressi. Sì che, di tremila che al cominciar di novembre le liste del bando nominavano, nè manco uno solo se ne leggeva al finire dell'anno; molti combattendo uccisi, altri morti per tormenti, ed altri di stento, alcuni rifuggiti in Sicilia, e pochi, fra tante vicissitudini di fortuna, rimasti, ma chiusi in carcere.

Fra mille casi di morte molti ne furono e strani e grandi; ma due soli ne scelgo più atti a rappresentare l'indole del brigantaggio, e più degni per la maraviglia del racconto.

Benincasa, capo di briganti, da' suoi tradito, legato mentre dormiva nel bosco di Cassano, fu menato in Cosenza; e 'l generale Manhes comandò che gli si mozzassero entrambe le mani, e, così monco, portato in San Giovanni in Fiore, sua patria, fusse appeso alle forche; crudel sentenza, che quel tristo intese sogghignando di sdegno. Gli fu prima recisa la destra, ed il moncone fasciato, non per salute o pietà, ma perchè non tutto il sangue uscisse dalle troncate vene, essendo riserbato a più misera morte. Non diè lamento; e poi che vidde compiuto il primo uffizio, adattò volontario il braccio sinistro su l'infame palco, e mirò freddamente il secondo martirio, e i due, già suoi troncati membri lordi sul terreno, e poi, legati assieme per le dita maggiori, appesigli sul petto. Spettacolo fiero e miserando. Ciò fu a Cosenza. Nel giorno istesso impreso a piede il cammino per San Giovanni in Fiore, le scorte tra via riposarono; e di esse una offrì cibo a quel sofferente, che accettò, ed imboccato, mangiò e bevve, nè solo per istinto di vita, ma con diletto. Giunse in patria, e nella succedente notte dormì; al dì vegnente, vicina l'ora del finale supplizio, ricusò i conforti della religione; salì alle forche non frettoloso nè lento, e per la brutale intrepidezza morì ammirato.

Parafanti, altro capo di briganti, aveva di età oltre quarant'anni, ed era d'animo audace, d'indole atroce, di forme e forza gigante. Giovine appena, omicida e bandito, commise, per necessità di vita e difesa, altri furti e assassinii; ma nei rivolgimenti del 1806 s'ingraziò ai Borboni, abbracciando la loro parte, e per quattri anni guerreggiando con fortuna varia, più spesso felice. Nelle persecuzioni del generale Manhes, travagliato in ogni luogo, chiusagli la ritirata in Sicilia, circoscritto nel bosco di Nicastro, chi della banda morì combattendo, chi timido si diede al nemico; cinque soli restarongli seguaci ed una donna, moglie o compagna. Caduti nel bosco istesso in altri agguati, fuggendo, salvaronsi. Ma numerosa schera gl'insegue, la donna cade uccisa al suo fianco, Parafanti è solo e resiste.

Colpo di fuoco gl'infrange l'osso di una gamba, e fu la prima percossa in tutti i suoi cimenti di bandito e brigante; non cade, ma non regge in piedi; appoggia l'infermo lato ad un arbore e combatte.

L'altissima e mala fama del suo coraggio tiene lontani gli assalitori, ma poi l'uno di questi non più animoso, ma industre, coprendosi delle folte piante del bosco, inosservato, gli si avvicina, e gli dirige altro colpo che gli apre il petto. Cade Parafanti supino, cadono altrove abbandonate le armi: il feritore lo crede estinto ed avido di preda, corre sopra di lui, si china al corpo e 'l ricerca. Ma quegli era moribondo, non morto, ed aveva ancor sane le robustissime braccia; afferra quindi il suo nemico e a sè lo tira; col sinistro braccio lo cinge e lo tiene, arma la destra di pugnale che ancora nascondeva fra le vesti, gliel punta ai reni, preme, il trapassa, incontra il proprio petto e il trafigge. Così per una morte trapassarono insieme le due anime avverse, nella mente degli uomini abbracciate in amplesso infame e terribile.

XXIX. I fatti della Calabria, raccontati ed esagerati dalla fama, agevolarono l'opera nelle altre provincie al generale Manhes, ch'ebbe incarico di esterminare il brigantaggio in tutto il Regno. Ed in breve lo esterminò, e quella forse fu la prima volta, nella vita del sempre inquieto e diviso popolo napoletano, che non briganti, non partigiani, non ladri, infestassero le pubbliche strade e le campagne. La corte di Sicilia e gl'Inglesi, mancata materia agl'incendii civili, più non lanciavano sopra noi le consuete fiaccole della discordia: la Polizia potè abbandonare le pratiche severe ed arbitrarie; la giustizia, vendicando le sue ragioni, sciolse le commissioni militari, rivocò le squadre mobili, tolse a' comandanti militari delle provincie ogni facoltà su le civili amministrazioni; le intraprese della industria rinvigorirono; e, rianimato il commercio interno, i mercati e le fiere, per lo innanzi deserte, ripopolarono: il Regno prese l'aspetto della civiltà e della sicurezza pubblica. Quindi le benefiche istituzioni dei due nuovi regni, sino allora per i disordini del brigantaggio ed i rigori della Polizia ignote al popolo e dispreggiate, furono palesi e gradite.

La quale immagine di felicità pubblica, nuova e insperata, generò lodi altissime al generale ed al governo. Ma dipoi, satollo del bene, e come usa il popolo per leggerezza ed ingratitudine, andava rammentando le crudeltà delle Calabrie, ai fatti veri aggiungendo i falsi, inventati da maligno ingegno, creduti dalla moltitudine, registrati perfino ne' libri, che dicevano d'istoria. Perciò doppia, buona o pessima, è la fama del generale Manhes; ed io, fra le opposte sentenza, dirò la mia. Egli, inumano, violento, ambizioso, corrotto dalla fortuna e dalle carezze del re, tenendo come principii di governo gli eccessi delle rivoluzioni; ma sommamente rètto, operoso, infaticabile, tenace del proponimento, riguardava la morte dei briganti come giusta, e le crudeltà come forme al morire, che, poco aggiungendo al supplizio, giovavano molto all'esempio. Credeva necessaria l'asprezza delle sue ordinanze, e poiché pubblicate, legittimo l'adempimento. La sua opera quale fosse per l'avvenire l'ho detto altrove, considerando i mali e i pericoli che derivano dallo sciogliere i legami di natura e di società, ma fu di presente utilissima. Il brigantaggio del 1810 teneva il Regno in foco, distruggitore d'uomini e di cose cittadine; senza fine politico, alimentato di vendette, di sdegni, o, più turpemente, d'invidia al nostro bene, e di furore. E perciò, raccogliendo in breve le cose dette, il brigantaggio era enormità, ed il generale Manhes fu istrumento d'inflessibile giustizia, incapace, come sono i flagelli, di limite o di misura.

CHARLES MULLIÉ

BIOGRAPHIE DES CÉLÉBRITÉS MILITAIRES
DES ARMÉES DE TERRE ET DE MER
DE 1789 À 1850

(1852)

Con Mullié torniamo a esaminare una fonte francese. Il testo poco aggiunge di nuovo alle notizie o alle interpretazioni già fornite. L'unico dettaglio degno di nota è il fatto che, negli anni '50 del XIX secolo, periodo in cui è stampata questa voce enciclopedica, anche in Francia è arrivata l'eco delle crudeltà di Manhès. Rispetto alle fonti precedenti, infatti, qui troviamo una trattazione un poco più ampia delle operazioni svolte in Calabria dal generale murattiano, e un rapido accenno alla cattiva fama, oltre agli onori, da lui ricevuta in seguito a ciò.

MANHÉS (Charles-Antoine, conte) Nato il 4 novembre 1777, figlio di un procuratore del tribunale di Aurillac (Cantal). Fa i primi studi nel collegio della città natale. Mandato prima dei quindici anni alla Scuola di Le Mans, è inizialmente inquadrato come artigliere. Nominato sottotenente nell'aprile 1795, presso il III Battaglione di Cantal, divenuto 26esimo di linea, partecipa alle campagne militari degli anni III e IV con l'armata del Reno e della Mosella agli ordini di Pichegru e Hatri, e quelle degli anni V, VI e VII, sotto Kellermann, Scherer, Bonaparte e Joubert. Partecipa all'assedio di Lussemburgo e ben figura durante la battaglia di Novi, nel corso della quale è gravemente ferito.

Promosso tenente il 24 dicembre 1799, partecipa alla campagna d'Italia degli anni VII e IX, sotto il comando di Championnet, Moreau, Masséna e Berthier.

Il 2 gennaio 1802 (anno X) è preso come aiutante di campo dal generale Milhaud, suo zio, e lo segue nel corso delle campagne dal 1802 al 1806. È presente alla battaglia di Austerlitz, dove gli viene ucciso un cavallo mentre gli era in groppa. Napoleone lo decora nel gennaio 1805.

Nominato capitano nel giugno 1806 e capo squadrone nell'aprile 1807, diventa aiutante di campo del granduca di Berg (Murat) e lo segue in Spagna nel 1808. Manhès è incaricato di condurre il principe da La Paix in Francia, in mezzo a mille pericoli, ma con una buona scorta. Quando Murat viene designato da Napoleone a sedere sul trono di Napoli, Manhès lo segue nel nuovo regno e non tarda a ricevere attestati di comune stima. Fatto Cavaliere dell'Ordine delle Due Sicilie, è promosso colonnello, pur mantenendo le sue funzioni di aiutante di campo del re. Il 4 settembre 1809 riceve la nomina a generale di brigata, e quella di Comandante dell'ordine reale delle Due Sicilie il 19 agosto 1810.

Essendo Re Gioacchino risoluto a debellare il brigantaggio che avvampava in Calabria, il generale Manhès è incaricato di una missione speciale a questo scopo e inizia a prendere delle misure talmente terribili che in un primo momento si pensava avessero l'unico scopo di seminare il terrore; ma presto parlano i fatti e vengono realmente commesse delle grandi crudeltà, che restituiscono sicurezza alla regione e affossano il brigantaggio, ma fruttano anche a Manhès una reputazione di violenza e intransigenza. La sua missione dura sei mesi e gli procura nuovi onori: Gioacchino lo nomina tenente-generale (25 marzo 1811), gli assegna delle proprietà in Calabria con il titolo di Conte, e gli conferisce il comando della seconda e della quinta divisione territoriale, con pieni poteri di polizia, e infine lo nomina Ispettore Generale di Gendarmeria (febbraio 1812).

Nel 1813 Gioacchino intendeva debellare i Carbonari e incarica ancora una volta Manhès del delicato compito; il generale vi si dedica con la stessa inflessibilità. È successivamente ricompensato con il grado di Gran Dignitario dell'Ordine delle Due Sicilie.

Nel 1815, allorché Gioacchino firma un trattato con l'Austria, un decreto della Corte Suprema richiama in patria tutti i francesi al servizio del Re di Napoli. Il generale Manhès rifiuta di obbedire. Il 17 marzo 1815, Gioacchino dichiara guerra all'Austria, e a Manhès è assegnato un battaglione. Dopo i fatti di Tolentino (3 maggio), che costano la corona a Murat, la regina fa partire da Napoli sua sorella Pauline, il cardinale Fesch e sua madre madame Letizia. Manhès non sta ad aspettare gli avvenimenti: fa noleggiare un bastimento e si imbarca il 19 maggio, sotto documenti e bandiera inglese. Arriva a Marsiglia, dove comandava Brune; il 14 ottobre si presenta a Parigi, da dove è inviato ad Aurillac. Riesce a farsi accettare al servizio dei Borboni, resta in carico e nel 1827 è nominato ispettore generale di gendarmeria. Resta a Parigi fino al 3 giugno 1830. È rimasto inquadrato come di riserva, sperando per lungo tempo in un incarico che gli è sempre stato rifiutato.

Nel maggio 1837 ha compiuto un viaggio a Napoli, ricevuto dalla corte con la migliore accoglienza e incaricato di portare alla regina Maria Amelia dei regali da parte di Re Ferdinando.

Il generale Manhès è attualmente in pensione dopo essere stato nominato comandante della Legione d'Onore.

Memorie autografe del generale Manhes intorno a' briganti

compilate da Francesco Montefredine

(1861)

Con le *Memorie autografe del generale Manhes* arriviamo alla trattazione più corposa tra quelle proposte, nonché la più interessante per l'originale punto di vista dell'autore. Precisiamo che il titolo è fuorviante: non si tratta infatti di un'autobiografia, ma di una biografia in terza persona che sostiene basarsi su non ben specificate memorie autografe; non solo, è più che altro un pamphlet politico, scritto con un preciso indirizzo, e allo scopo la biografia del generale francese è spesso e volentieri inframmezzata da riflessioni dell'autore. Il libello è del 1861 e questo non è un dettaglio, ma l'aspetto essenziale dell'opera: Montefredine parla del brigantaggio del 1810, ma ha in mente quello del 1861, all'indomani dell'Unità d'Italia. L'autore è filo-unitario, anticlericale e anti-borbonico feroce, ma anche avverso ai mazziniani, che nelle ultime pagine descrive come anime candide viziate da troppo idealismo e da un eccesso di pietà. Egli è pienamente consapevole della crudeltà dei metodi adottati da Manhès, non ne fa affatto mistero, né cerca giustificazioni; al contrario, li ritiene strumenti necessari e anzi indispensabili, che dovrebbero servire da esempio per la repressione del brigantaggio a lui contemporaneo. Il Manhès da lui descritto è dunque non solo un benefattore, ma addirittura un eroe, quasi un *civilizzatore*, a giudicare dalle frequenti espressioni ingiuriose rivolte nei confronti delle masse contadine meridionali ("miseri selvaggi", "selvaggi senza legge"). Il capitolo finale è un appello al generale Cialdini perché segua le orme di Manhès.

PREFAZIONE

Stava raccontando gli affanni d'un grande Italiano, quando mi vennero alle mani le notizie che il generale Manhès scrisse de' briganti. Lasciando ogni altra cura, mi posi subito al presente lavoro, e lo condussi in pochi giorni.

Il mio scopo, nel dare prestamente alle stampe queste brevi memorie, è stato di far avvertito il governo dell'errore che prende circa i modi co' quali cerca di distruggere i ladri. E' si corre a punirgli sempre dopo che si sono radunati e manomesso qualche paese; laddove da queste memorie si fa manifesto che l'unica medicina a sì gran male è di prevenirlo con la severità delle misure.

Le molte armi che si accampano in questa provincia non gioveranno gran fatto. Anche il governo francese adoperò un forte e glorioso esercito all'istesso fine, ma non se ne vide alcun notabile effetto; e i briganti allora scomparvero, quando il generale Manhès, con soli cento cinquanta cavalli di sua guardia, diede fuori que' severissimi ordini. Lo squisito sentimentalismo d'alcun nostro uomo di stato per avventura ne prenderà scandalo, ma, acciocchè non resti offeso il sentimentalismo degli attuali, bisognerà lasciar la speranza di ridar pace all' Italia meridionale?

Dicono altri che non vi sia bisogno di venire a tali estremi, perchè i briganti d' oggi non sono per numero e ferocia uguali a quei d'allora. Che errore! Sappiate che i briganti antichi, schermendosi da un forte esercito, bastarono per parecchi anni; e tuttavia sul principio non furono così baldanzosi e numerosi come oggi. Oggi si trascorre fin dentro le vie di Napoli, si prendono e saccheggiano considerevoli città, come Venosa e Melfi, e voi non aprite ancora gli occhi?

Quanto all'altro errore, che, essendo la classe liberale adesso più cresciuta, manchino però quegli allettamenti e conforti che i briganti si avevano al principio del secolo corrente; io rispondo che può così ragionare chi vuole ingannarsi, o chi non ha vivuto in Napoli nell'ultimo decenne scorso.

Ferdinando e Francesco II, con quella ferrea tenacità tutta propria del loro sangue spagnuolo, han fatto tale strazio di noi, che le anime più ardite ne son rimaste fiaccate, spento nelle moltitudini ogni spirito generoso. Credetelo pure, la libertà avea più seguaci presso i nostri padri. Ciò che oggi non lascia discernere questo vero, si è che il male della provincia meridionale vien coperto e nascosto dal magnifico splendore dell'altre province.

Che il fatto stia com'io vi dico, potete rilevarlo dalla storia Nel 1820 il trono di Napoli crollò per il concorso unanime de' cittadini, e fu rialzato dalle armi austriache; ora vi è stato bisogno a rovescio dell'aiuto dell'altre nostre province, senza del quale potremmo ancora ritornare nelle lacrimevoli condizioni passate, eziandio dopo un anno di libertà.

Non però si tenga a vile questa povera terra, più stanca da' sofferti affanni, che nutrice d'ingegnosa stirpe. Nacque in questa terra chi seppe aggredire un ferocissimo uomo in mezzo a trentamila suoi schiavi, gridandogli innanzi tratto con ferma voce: Difenditi. Sfortunato! ed e' non vide il trionfo della sua Italia; non vide il Re prostrato ad adorare questa santissima patria, opera delle sue mani e della sua pietà.

A' mali finora discorsi v'è da aggiungerne un altro forse più grave. Il partito liberale in Italia fino al 1830 aveva unità di scopo e di consiglio, e quindi rendevasi più forte. Non era apparsa ancora questa benedizione della setta mazziniana, da non confonderla con l'onesto partito de' repubblicani; i quali anzi sono stati sempre i più fieri nemici del Mazzini, come si prova per l'esempio di Felice Orsini, Manin, Ausonio Franchi, Guglielmo Pepe, Ledru-Rollin, Victor Hugo, Alessio di Tocqueville, Kossut. Il Mazzini ha indebolito il partito liberale in Italia, già unito. Lo scopo de' nostri vecchi liberali era l'indipendenza d'Italia: di quistioni interne non se ne fiatava.

L'altro partito che s'intitola de' moderati, tolti pochi onesti, moderati perchè esperti delle sciagure d'Italia e però avvisati e cauti, gli altri, a giudicarne da quelli di Napoli, prendono la maschera della moderazione per avidità di gradi e per fame d'oro. E' sono i più spregevoli, i più neghittosi e noncuranti a difendere quel governo stesso, che ha avuto il torto di allattarli del suo sangue, onorarli e proteggere con poca giustizia ed util suo, perchè ad un bisogno, come si vede spesso, costoro non han la voglia nè il potere di aiutarlo.

Premesse queste considerazioni, egli è evidente che il governo, nell'Italia meridionale, non deve dare una troppo larga interpetrazione allo statuto; il che sarebbe pedanteria, se non delitto, trattandosi d'una provincia che porta tante piaghe come questa: non deve molto affidarsi al publico: deve far molto da se stesso e presto e vigorosamente e con equità. Dalle sette estreme gli è bisogno fuggire, tanto demagogiche quanto retrogradi; de' moderati, salvo un picciol numero, non ha che farne, anzi costoro, impotenti a difendere, l'han servito facendolo scapitare nell'opinione publica per loro immoralità. Che resta dunque? Resta il governo stesso co' liberali onesti, sieno o no republicani.

Valendosi della costoro opera, si metta subito mano all'estirpazione de' briganti. Lasciate le vostre sofisterie che coonestate col nome di legalità. La suprema legge è di salvar l'Italia. Periscano tutti gli statuti e tutte le leggi degli avvocati sol che si salvi l'Italia.

I briganti, lasciamo i danni che fanno ai cittadini, con impedir e dividere le nostre forze, sono un pericolo alla nostra nazionalità.

Il solo mezzo di vincerli è l'estremo rigore; e da queste poche carte ne avrete un esempio nel generale Manhès. Dunque, per salvare un miserabile dominio straniero, com'era quello di Murat, si fece tanto, e voi non farete il simile, e più, per salvar l'Italia? Ma che prezzo, che sacrifizi, che sangue può mai essere assai per la salute di questa miserissima terra? E non v'accorgete che alcun potente c'insidia a morte, lasciando che all'ombra sua si radunino ed armino i nostri nemici?

I.

Carlantonio Manhès[1], nato il dì 4 novembre 1777, ad Aurillac, dipartimento del Gandal, fece i suoi studi nel collegio reale di quella città, dove suo padre era procuratore regio presso il tribunale civile. In età di 15 anni nominato allievo alla scuola di Marte dagli amministratori del suo dipartimento, i primi studi d'armi fece in artiglieria; e mediante i suoi progressi e la buona condotta, giunse ad essere allievo istruttore. Al disciogliersi di quella scuola, dal governo fu decretato che gli allievi di merito sarebbero messi nell'esercito col grado di sottotenente, e che il tempo passato nelle scuole loro sarebbe reputato come una campagna. L'allievo istruttore Manhès fu di questo numero, e quindi ammesso nel 3° battaglione del Candal, incorporato di poi al 20° reggimento di linea. Egli raggiunse questo reggimento il 17 germinale anno III, e fece le guerre degli anni III, IV, V, e VI, nell'esercito del Reno e della Mosella; oltre le guerre degli anni 7, 8 e 9, nell'esercito d'Italia. Alla battaglia di Novi, dove fece di grandi prodezze, fu gravemente ferito alla gamba dritta il 28 termidoro anno 7°; in quella funesta battaglia, donde ben pochi sopravvissero.

II.

Come si sentiva guarito, partì il 3 nevoso anno 8° per il suo reggimento, stanziato allora sulle rive di Genova. Quivi fu nominato luogotenente per elezione de' suoi compagni.

---

[1] I documenti che han fornito materia a questo lavoro, si conservano dalla figlia del generale Manhès, principessa Morra.

Luogotenente de' granatieri nel fatto d'arme di Gravières presso Susa nell'anno 8°, divisione del generale Thureau, si slanciò tra i primi nei ridotti presi d'assalto, dando pruove d'un coraggio indomabile.

Il 12 nevoso anno 9° fatto aiutante di campo del generale di brigata Milhaud, nel lasciare il 26° reggimento ricevè le testimonianze più lusinghevoli di stima e di affetto. Con questo generale fece le guerre degli anni 9, 10, 11, 12, 13, 14. (1801, 1802, 1803, 1804, 1805) negli eserciti d'Italia, *di osservazione*, e nella *Grande Armata*, Dopo la battaglia d'Austerlitz ebbe il brevetto di capitano il 6 giugno 1806.

Promosso al grado di capo squadrone il 4 aprile 1807 per la sua buona condotta nella prima guerra di Prussia, fu indi chiamato all'ufficio d'aiutante di campo presso il Gran Duca di Berg (Murat).

Manhès, provato fin qui ne' gradi subalterni, or entra in campo più vasto.

L'aiutante di campo del Gran Duca di Berg, dell'*arrischievole Murat*, come lo chiamava il Botta, partecipò a tutt'i fatti a cui questi si ritrovò fino alla pace di Tilsitt, gareggiando di virtù coi bravi uffiziali che componevano lo stato maggiore del Gran Duca.

Ebbe una dotazione in Vestfalia; di poi accompagnò il suo generale nelle Spagne; ne ritornò con lui, e fu uno degli ufficiali francesi destinato a seguirlo in Napoli come aiutante di campo.

Fu nominato cavaliere dell'ordine reale delle due Sicilie, e di poi:
Colonnello, il 1° novembre 1808;
Maresciallo di campo, il 4 settembre 1809;
Commendatore dell'ordine reale delle due Sicilie, il 19 agosto 1810;
Luogotenente generale, il 25 marzo 1811;
Primo ispettore generale della gendarmeria reale, il 28 febbraio 1812;
Infine gran cordone dell'ordine reale delle due Sicilie, il 23 novembre 1813.

III.

Come colonnello si ritrovò alla presa di Capri, e quindi fu mandato nel Cilento a spegnere le prime fiamme di reazione, che cominciavano a destarsi.

Eccone i particolari:

Nel 1808 gl'Inglesi, stando in Sicilia con un buon esercito comandato dal generale sir Stuard, per muovere impacci al novello re Murat, immaginarono che, facendo delle mostre ostili nei dintorni di Napoli, occupando Procida ed Ischia, o lo avrebbero costretto a lasciar la capitale, o almeno eccitato a ribellione la numerosissima plebe di Napoli, allora devota a' Borboni; tanto più che le circostanze della città erano vuote di soldati, messi a campo nella Calabria Ulteriore, lungo il paese che corre dal forte Scilla a Reggio.

A quest'effetto scioglieva da Messina e Melazzo un'armata di 400 vele con molta gente da sbarco d'ogni arme, comandanti lo stesso Stuard e il principe di Salerno.

Le navi, rasentando le Calabrie, misero a terra gran numero di borbonici, acciocché con promesse e lusinghe chiamassero alle armi quei popoli.

Poi tutta la flotta ancorò per tre giorni nei golfi di Policastro e di Sapri, nelle cui terre vomitarono oltre a 300 Calabresi al soldo dell'Inghilterra col nome di *Real Calabria*. I masnadieri s'inerpicarono sulle montagne di Lagonegro e del Cilento, lasciando orme sanguinose per i paesi onde trascorsero. Arsero, predarono, uccisero nei borghi di Montano, Torre Orsaja, Roccagloriosa, Bosco e Sanza. Lasciamo per ora di raccontare la loro ferocia fin sui cadaveri, che appresso n'avremo larga materia.

I briganti, gli scorridori di strade, gli assassini raccolti e formicolanti sulle montagne di Basilicata coverte di folti boschi, dettero la mano ai Calabresi sbarcati in Policastro. Si formò una turba immensa, varia per armi, fogge ed accento, tutti anelanti a sangue.

Fatti sicuri, volsero gli occhi a Casalnuovo, dov'era un posto militare. Quivi stanziava un reggimento di disertori alemanni, della Tour d'Auvergne. Dopo reiterati assalti il borgo fu preso; il presidio, che quanto più avea resistito e ucciso di nemici, tanto più gli avea veduti quasi ripullular di terra in maggior numero, non ebbe quartiere. Pur uno non rimase da portar la nuova della carneficina.

IV.

Preso Casalnuovo, il regno rimase diviso in due. Quel borgo è posto lungo la strada consolare che dalla capitale mena alle Calabrie, sicché queste province si videro senza modo alcuno di essere aiutate.

Il governo allora sentì quanto importasse riaprirsi la via delle

Calabrie, le quali, così chiuse, rimanevano in preda ad ogni sorta di desolazioni.

A quest'effetto si vide che bisognava ritornar l'ordine ne' paesi che procedono le Calabrie. Nel Cilento, e più propriamonte nella fosca valle di *Cuccaro,* dove teneva il tuo quartier generale, dominava da signore assoluto un capo bandito, che per orgoglio aveva preso il nome di Bonaparte.

Al punto dove siamo adesso, il brigantaggio, non saputo o potuto sul principio opprimere, era cresciuto tanto di numero, di forza, d'audacia e di delitti, che già quelle province n'andavano tutte in fiamme.

In condizioni così pericolose e incalzanti conveniva por mano a partiti subiti, efficaci, che svellessero dalle radici quelle mala pianta. Ma ad eseguire un tal disegno, faceva mestieri d'un uomo parimente pronto ed energico. Il Saliceti, allora ministro della polizia e della guerra, pose gli occhi sul giovine colonnello Manhès, e lo notò al re Murat come il solo capace a quell'impresa. Un altro governo si sarebbe rivolto a qualche sperimentato generale, sperimentato in battaglie campali, ma non in questa maniera di guerra brigantesca. Il Saliceti però comprese bene la sentenza che a cose nuove bisognano uomini nuovi.

Il giovine aiutante di campo del re, conosciuto fin allora come buon militare, rivelò un altro lato ignoto del suo carattere.

V.

Coraggiosissimo, in verde giovinezza, bello della persona, pratico della favella di queste province, umano ed inesorabile nel tempo istesso, piombò come fulmine in quei luoghi sconvolti dalla più gran tempesta sociale. Scorrendo per tutto di persona, con scarso numero di armati ai suoi ordini, seppe non pertanto con la sua attività ed energia, quando adescando con le promesse, quando spaventando con le pene subite e terribili, in poco di tempo ricondurre quei paesi alla tranquillità. Frutto della sua fulminea escursione furono 600 briganti caduti nelle mani della giustizia, con esso Bonaparte, che pagò i delitti con la vita. Nella stessa valle di *Cuccaro,* ov'egli si era eretto signore, si diè in lui un tremendo esempio agli assassini. Il governo, non volendo lasciare senza premio questi servigi, fece Manhès generale di brigata. La seconda spedizione fu negli Abruzzi. Il brigantaggio, spento in un luogo, rinasceva altrove, si moltiplicava ed incalzava da per tutto. Dal Cilento l'incendio si apprese, o meglio, divampò negli Abruzzi. A quella volta fu spedito con pieni poteri lo stesso Manhès. Non con grandi apparecchi di forze, perchè egli teneva i soldati regolari non atti a combattere le guerre strane ed improvvise dei briganti, ma animando, entusiastando le guardie civiche col suo ardore, mettendo sott'occhio i danni che patirebbero dagli assassini, i dolci riposi della pace sterminandoli, in picciol tempo, in soli tre mesi, purgò quei paesi da ogni male. Si può dire che Manhes vincesse più col genio, che con la forza.

Gli Abruzzi riconoscenti gli posero una lapide nella città di Vasto.

VI.

Per dare un saggio di quei che potessero colà i briganti prima della sua venuta, recheremo i seguenti fatti.

Un capo di quelle bande, chiamato Basso Tomeo, prese titolo e autorità di *re delle campagne*. Posto il suo quartier generale nella vasta selva di Pedacciata, di là mandava i suoi comandi, il terrore del suo nome.

Nel distretto di Lanciano assalì ed ebbe il villaggio di Santobuono. Essendo quivi il quartiere della gendarmeria, fu messo a ferro ed a ruba; e le donne e i figliuoli de' gendarmi, assenti i parenti e i mariti, passarono pe' tormenti indicibili del fuoco.

Nella provincia di Chieti era tiranno il famoso Antonelli, che aveva le sue stanze a Fossaceca, non lungi da Lanciano. Giuseppe Bonaparte, non potendolo vincere, fu obbligato a trattar con lui da pari a pari. Mandò plenipotenziari al brigante il generale Merlin e il barone Nolli, che poi fu ministro delle finanze. L'Antonelli in quel trattato volle essere riconosciuto colonnello, ed il governo fu lieto di concedergli tutto; anzi, per meglio obbligarselo, gli fece dono di un uniforme completo con le spalline di capolegione. Fatta la pace, al bandito si lasciò di scieglere a sua dimora quella città che più gli piacesse. Fu contento di Chieti, la città che aveva fatto più tremare del suo nome. I due plenipotenziari di Giuseppe Bonaparte, saputo com'egli se ne veniva, gli furono incontro con ogni maniera di onore. Messiglisi da lato, lo condussero ovante in mezzo ad una popolazione atterrita dall'onnipotenza del bandito. E questi, tutto rilucente d'armi e di oro, con cappello piumato, ritto sopra un superbo cavallo, gittando gli occhi su quella moltitudine, con sorriso autorevole talora l'assicurava di pace.

VII.

Non accusate leggermente quel governo di debolezza. Al fratello del potentissimo Napoleone abbondavano le armi, le armi francesi vincitrici in ogni parte della terra, ed innanzi a cui si dileguò la monarchia borbonica più rapidamente che non ha fatto nel 1860. E pure il nuovo governo, poichè fu stabilito, poichè ebbe rigettato in Sicilia il suo nemico, sicchè pareva dovessero finalmente per lui venire giorni sereni, non pertanto cominciò a sentirsi assalito da un'ignota debolezza, cominciò ad esitare a fronte di poche migliaia di briganti, finchè, stretto dalla necessità, stese loro la mano.

Ma perchè? Perchè i briganti usano la tattica dei gesuiti, senti le loro ferite, ma non vedi l'autore, o se pure lo scopri e lo giungi e punisci, già alle spalle, da lato, per tutto la terra te ne vomita altri mille. Il perchè resta fermo che le armi solite riescono inutili contro questa potenza, direi, invisibile e rinascente del brigantaggio. E' bisogna vincerlo con l'armi sue stesse, la celerità, gli accorgimenti, le sorprese, il terrore.

Manhès in effetti, senza soccorso di truppe regolari, agguerrite le guardie civiche di Lanciano, ponendo pene severissime ai codardi o partigiani de' briganti, ebbe nelle sue mani e fece morire il *re delle campagne*.

Quanto al nuovo colonnello Antonelli, alla partenza di Giuseppe da Napoli non fu contento di quel grado, ed aspirò ad essere generale. E senza indugio correndo di nuovo le campagne, gittò il terrore ne' tre Abruzzi. Contro quest'uomo, innanzi a cui si erano spezzate le armi regolari, sorse Manhès a combattere con altre armi. Mescolando uno squadrone di cavalleria alle guardie civiche, seppe così bene prendere tutte le poste e le vie, che il nuovo colonnello cadde vivo nelle mani del governo, e condotto a Lanciano. Quanto fu diversa l'entrata in questa città dall'entrata di Chieti! Il Generale ordinò che lo ponessero sopra un cattivo asino, di cui portava la coda stretta in mano, a guisa di briglia. Un cartello gli era stato appiccato in fronte con questa scritta:

Ecco l'assassino Antonelli.

Una gran calca vi era presente, non pure di quei di Lanciano, ma de' paesi vicini. All'apparire del bell'originale, fu un tumulto, una tempesta di grida, fischi, imprecazioni, che n'andavano alle stelle. Alcuni offesi da lui, ne venivano narrando la triste storia, notandone i più enormi delitti; ed ora si pascevano del vederlo così governato, come ben gli stava. E poiché sulla piazza gli furono lette tutte le atrocità che avea fatto, lo mandarono ad impiccare nel suo luogo natio a Fossaceca.

VIII.

Ma il grande incendio del brigantaggio covava nelle Calabrie. L'indole passionata, tenace, fiera, vendicativa di quegli abitanti, la vicinanza della Sicilia, donde continuamente muovevano gl'incentivi alla sollevazione, la natura selvaggia dei luoghi, i boschi, le Sile, gli aspri monti, la prossimità del mare dove si ritrovava scampo sulle navi inglesi, tutto ciò aveva apparecchiato colà una delle guerre più atroci che si sappiano. Per quanto il governo del re Gioacchino si sforzasse a cessar il pericolo, per quante punizioni gravissime si prendessero, la guerra infocava sempre più. L'esempio del Cilento e degli Abruzzi era stato nulla.

Allora il governo, disperando di potere ottener niente con la forza, ed avendo grande interesse che il nuovo regno sembrasse tranquillo agli occhi della diplomazia, cangiò via, e pensò di usare la benignità. Il perchè si mandarono attorno larghe amnistie, le quali producevano l'effetto contrario, disanimando i buoni, e dando più baldanza ai tristi.

Ottenendosi facilmente il perdono, i banditi entravano nelle più forti e popolose città. Quivi fatte sue vendette, si gittavano di nuovo alla strada. Poi ridomandavano perdono, ed ottenutolo, ed avuto l'agio o di soddisfare a qualche altra vendetta, o di spedire loro faccende, tornavano da capo in sul predare ed assassinare. E pure il governo credendo vincere con la bontà, non ponea modo nè termine alle amnistie; quante se ne chiedevano dallo stesso colpevole, tante gliene dava, mostrandosi largo in ragione dei misfatti.

IX.

Intanto Ferdinando I dall'isola vicina, mediante suoi agenti, specialmente preti, accendeva più le ire. Costoro venivano dipingendo ai selvaggi abitatori delle campagne come fossero i Francesi nemici a Dio, ai suoi sacerdoti, al suo vicario visibile, a Ferdinando I. Quindi persuadevano inevitabile il castigo di Dio sugli empi, la dispersione dell'errore, il vicino trionfo della giustizia e della verità. Agli argomenti religiosi congiungevano gl'interessi privati, insinuando che i Francesi agognassero alle donne ed alla roba loro. Questi stimoli, aggiunti all'impunità, anzi alla legittimità della rapina e di ogni delitto, resero in tutto ciechi i miseri selvaggi.

Queste sono le vere cagioni che movevano i Calabresi a guerra contro i Francesi, non già il sentimento della nazionalità offesa, come farneticava il Balbo. Egli non sapeva che la nazionalità è un principio posteriore a quelle guerre, e molto meno poteva aver luogo in una gente imbestiata da preti e da spie.

Non farà dunque meraviglia se l'odio dei Francesi fosse venuto a poco a poco crescendo di maniera, da ottenebrare que' sciagurati e farli trascorrere ad ogni modo di offese. Quando non potevano servirsi dell'aperta violenza, consigliati dal prete, ricorrevano agl'inganni, alle coperte vie. Basti dire che il governo non aveva altri paesi, se non quelli occupati militarmente.

Ed ecco un esempio dei tradimenti calabresi.

X.

Una compagnia di volteggiatori era partita da Cosenza per recarsi a Scigliano. A mezzo del cammino vollero prender riposo, e si fermarono in un'antica selva di castagni. Alberi immensi spiegando larghi ombrelli intorno, non lasciavano entrare raggio di sole ne' giorni di està. Al rezzo di quelle piante, i soldati, respirando dal caldo cocente che li aveva saettati per via, si abbandonavano all'allegrezza. Messo in fascio le armi, sparsi in diversi gruppi, i bonetti appesi ai rami, ricreandosi delle acque gelide che ivi scorrono perenni fra minutissima e verde erba, si davano a motteggiarsi piacevolmente l'un l'altro, a raccontare i suoi fatti passati, qualche bella avventura di tempi migliori.

In questo, dal villaggio di Parenti, a poche miglia lontano, si vide venire una deputazione. Portavano sventolando nastri tricolori ai cappelli, ed il sindaco con la sua fascia municipale. Essi venivano per affratellarsi con quei bravi Francesi che tanto amavano e che volevano seguire fino alla morte. Per la quel cosa, sopravvenendo la notte, gl'invitarono a passarla in Parenti; mostrandosi commossi di tenerezza fino alle lagrime per quell'inaspettata ventura. Tutto il popolo era in grande aspettazione della loro venuta, sicché volessero di tanto

Un generale contro i briganti 55

onorarli. E dette queste parole, stringendo le mani agli uffiziali, e baciandole, lor facevano una cortesissima forza perchè accettassero.

I Francesi, poco sospettosi di natura, e confidando a ragione nel loro coraggio, credettero di non poter rifiutare; il perchè fu dato l'ordine della partenza. A qualche distanza dal villaggio si fece innanzi tutta la popolazione con rami d'ulivo e altri segni festivi, gridando con quanto n'avevano in corpo: Evviva, evviva i Francesi. Le donne, i fanciulli eziandio applaudivano lietamente; e quando i soldati furon tutti convenuti sulla piazzuola, quelli ruppero gli ordini, e chi se gli abbracciava, chi loro toglieva le armi per alleggerirli di quel peso, chi porgeva vino e rinfreschi, ch' era una delizia a vedere.

I Francesi, senza un sospetto al mondo, ricambiavano come meglio si poteva quelle cortesie, quelle amorevolezze che loro ricordavano i cari parenti ed amici lontani. I poveri soldati avevano tanto bisogno di vedersi amati com' erano nella loro cara Francia.

Poi ciascun villano prendendo per mano, secondo sua possibilità, uno o due Francesi, se li conduceva a casa sua, tutta illuminata e di confortevole, vista e bene assettata. Le donne sugli usci ricevevano gli ospiti con sorriso a guisa di congiunti, e loro davano il ben venuto.

I principali di Parenti stretti intorno agli uffiziali, vedendo che questi rimanevano un poco sospesi per veder di subito così disperdersi i soldati, si fecero a rassicurarli, dicendo il sindaco: Signori, voglio che voi alloggiate con me nella casa del comune. I soldati pernotteranno nelle case degli abitanti, dove saranno trattati come figliuoli. – Intanto nel palazzo municipale si era imbandito un gran desinare. Gli uffiziali vi ricevevano di sì squisite cortesie, con dimostrazioni si abbandonate d'affetto, che ad ogni modo non potevano sospettare che sotto covasse il tradimento. L'allegria del banchetto si trasse fino alle ore tarde. I Francesi, sottoposti alle dure regole della vita militare, ora che si vedevano in riposo, sciolti, fra gente tanto affettuosa, non è a dire come tripudiassero e trincassero di buon cuore. Sfavillavano tutti i volti, volavan le tazze per aria; questi alle Calabrie, quelli auguravano bene alla Francia; molti propositi e care speranze nell' avvenire; era la più bella festa che mai si vedesse.

Ma le grida rimbombanti di quella festa suonavano non so che di triste a chi fosse giunto allora nel villaggio. Quivi era un silenzio, una solitudine spaventevole. I soldati e gli abitanti eran tutti sepolti nel sonno? Ed ecco che alcun uffiziale levandosi da mensa per andare a letto, ad un segno cento pugnali balenarono loro sugli occhi. – Tradimento! All'armi, soldati, all'armi! – Tutto fu nulla. I soldati erano stati già da un pezzo scannati nel sonno. Agli uffiziali non venne pur dato di mettere mano alle armi, che furono tutti immantinente da replicati colpi uccisi. Un solo in quella confusione potè campare. Giunto come per miracolo, a Monteleone, narrò dell'insidia e dell'uccisione de' compagni.

XI.

Il castigo non indugiò. Una forte schiera di Francesi corse sul villaggio degli assassini. Quanti capitarono nelle loro mani, ebbero la morte: il villaggio n'andò in fiamme. Ma i principali istigatori, quelli che avevan tratto il popolo all'eccidio, prevennero la pena riparando nei chiusi boschi o sui monti. Il loro sterminatore, Manhès, non doveva giungerli che nel 1810.

Venuto in Calabria, il Generale trovò il governo feroce e impotente nel tempo istesso. I cittadini esposti ogni dì a grosse taglie, alla strage dei loro bestiami, all'incendio delle messi. La polizia frattanto si disfogava col punire senza frutto i parenti dei briganti, i quali erano però costretti a reagire, diventavano più crudeli, nè lasciavano indietro alcun mezzo per aver nelle mani i principali cittadini e i forestieri di più alta condizione, e così rendere buon cambio alla polizia. Allora significavano alle autorità di non più rilasciarli, che con la liberazione dei loro parenti gittati nelle carceri.

Quindi si veniva alle trattative con gli assassini; ed in ciò la polizia mostrava tanta debolezza e viltà, che lasciava a loro quelle condizioni, o meglio pretensioni che credevano di dettare. I briganti sceglievano essi i plenipotenziari, davano il luogo per le conferenze, l'ora e il modo del venire.

Astrac, di nazione Francese, impiegato nei demanj regi, veniva dalle Calabrie in Napoli. Nel bosco di S. Eufemia un capo di masnadieri, Parafante, lo prese, e fecegli intendere che il suo rilascio non avrebbe luogo, se non quando fossero messi in libertà tutti i parenti dei briganti che si ritrovavano nelle prigioni, fossero o no di quei della sua banda. Convenne accettare; e allora Parafante pose le condizioni a suo piacere, e furono, che si liberassero tutti i parenti dei briganti, e a questi fossero spediti vesti e viveri.

Ma ciò forse avveniva perchè le Calabrie erano senza soldati? No. Nel campo di Piale si trovavano radunati venticinque mila uomini per sbarcare in Sicilia. Era alle spalle di questo esercito che i briganti

Un generale contro i briganti

contendevano da pari a pari col governo. Il che pruova una volta per sempre al Luogotenente di queste province che le forze regolari non sono gran fatto utili contro ai briganti. Quando potremmo noi radunare un esercito di venticinque mila uomini nelle Calabrie? E quelli erano soldati valorosi, sperimentati in molte guerre, comandati in persona da un re valorosissimo, uso sempre alla vittoria. Il perchè si cessi alla fine di gridar sempre: Forza, forza; Manhès gridava: Terrore, terrore; e vinse. I quartieri generali de' banditi erano sul fiume Rosarno, nella Sila, nel bosco Nocelleto. Vennero a tale, che s'impadronivano della corrispondenza del re, il quale di sua persona, com'è detto, comandava le genti che ivi erano a campo. Il perchè si dovette collocare a Nicotera il generale Livron con molta cavalleria, ed ogni plico si affidava a cinquanta cavalleggieri della guardia reale. Il più delle volte costoro dovevano aprirsi il passo con la punta dell'armi, e talora non giungevano a sforzarlo, anzi vi rimanevano spenti. Come combattere un nemico che non ti affrontava mai alla scoperta? Or s'inoltravano baldanzosi, or si dileguavano sparsi in fuga, e poi si raccoglievano facendo festa, e poi si discioglievano ancora per riapparire d'improvviso in altro punto. Interi battaglioni che si recavano al campo del re, giorno e notte non avean pace nè riposo, quando colti da subiti assalti, quando molestati alla coda, e quando da lato, e quando da fronte investiti da un nemico instancabile.

XII.

Si riseppe una volta che un battaglione di linea, comandato da un uffiziale aperto nemico del Parafante, doveva in tal giorno partire da Cosenza. Questi, facendola da cavaliere, mandò una sfida all'uffiziale, dinotandogli il luogo e l'ora che si sarebbero scontrati. Il luogo si chiama Lago, ed è sulla via che da Cosenza mena a Rogliano. L'uffiziale si rise della sfida, e per militare orgoglio non vi diè fede. Intanto il battaglione riceve l'ordine della partenza. Giunti in certe strette, dalle cime aeree di quei monti si vedono venir giù a precipizio, tuonando e sfranando, enormi torri di macigno. Traballava la terra commossa dalle fondamenta, e nembi foltissimi di polvere a un tratto coprono quelle gole. Rimasti così ciechi i miseri soldati, eccoti venir loro addosso maggior rovina. I fianchi dei monti di subito balenano, ed una grandine di moschettate gli flagella. Tra non molto quello scempio ebbe fine. Venticinque soldati e due uffiziali,

Filangieri e Guarasci, erano soli scampati. Parafante se gli fa menare alla sua presenza.

Sdraiato sotto un albero con numerosa corte di banditi intorno, guardò un poco i prigionieri, e poi, facendosi tutto benigno in vista, disse: Della vostra sorte assai mi pesa, o soldati, e volentieri vi libererei, se non avessi fatto voto a S. Antonio di non risparmiar nessuno di voi. Pure, considerando che guerreggiate non per volontà vostra, ma per la legge inesorabile della coscrizione, io mi sentirei piegato a misericordia. Ma ad ottenerla, fa mestieri che mi diate una pruova di ravvedimento, ed è che mettiate voi stessi a morte queste due carogne di uffiziali. Se lo fate, giuro all'Immacolata (e si recò la mano al petto) di salvarvi; se no, morirete tutti, con essi gli uffiziali, di mala morte.

A tali parole s'agghiacciarono i prigionieri, ed a niun patto volevano scellerarsi di quel sangue. Ma gli uffiziali, vedendo ch'era inevitabile la morte loro o nell' uno o nell' altro modo, pensarono di scamparne almeno i soldati; e tanto, fecero con le preghiere e col comando, che finalmente alla più gran fatica del mondo gl'indussero a fucilarli. Ancora si divincolavano nell'agonia i due uffiziali, che Parafante, accennando ai suoi i soldati rimasti, si volse dall' altro lato come per prendere riposo dalle fatiche del giorno. Allora i briganti si gittarono addosso ai prigionieri avvinti, e dopo essersi fatto ludibrio dei loro corpi denudati, gli uccisero con modi spietati.

XIII.

Non essendosi più eseguito lo sbarco in Sicilia, e ritornati i soldati in Napoli, le Calabrie, abbandonate allo sole guardie civiche, se per l'innanzi erano da reputarsi misere, la loro miseria ora s'accresceva di mille tanti. Lo guardie civiche, vedendo che tutta l'ira de' briganti si volgeva contro le loro proprietà e persone, vennero in tale scoramento, che più non s'ardivano di guardarli in viso.

Ecco lo stato miserabile in cui li ritrovavano quelle province l'anno 1810.

Essendosi sperimentata l'opera di Manhès negli Abruzzi e nel Cilento, tutti convennero di valersene eziandio per le Calabrie. Ma egli per niuna cosa del mondo volea indursi, essendo molto diverso il caso presente; finchè il re avendolo stretto con queste parole « *Comme votre souveraine je vous l'ordonne, comme votre ami je vous en prie* », gli convenne allora di accettare.

Fu investito dell'alter ego, e concessogli di sciogliere fra gli uffiziali dell'esercito, per formare il suo stato maggiore, quelli ch'egli credesse più atti a secondarlo. Ciò fatto, si recò a Monteleone, capo in allora della Calabria Ulteriore. Quivi il 9 ottobre 1810 dette fuori il suo primo ordine del giorno, in cui faceva noto in che modo egli voleva che si spegnesse il brigantaggio. E perchè conosceva per pruova che la parola de' preti in addietro aveva spuntato e rese spregevoli le armi del governo, ordinò che i preti stessi, sotto severissime pene, leggessero quell'ordine alle moltitudini, inculcandone l'esecuzione da' pergami e da' confessionili. Intanto passò il seguente ottobre in apparecchi, aspettando che le campagne si spogliassero di frutta e di frondi, aiuto ai briganti per nascondersi e sostentarsi.

I suoi ordini recavano 1.° che, publicate le liste dei banditi in ogni comune, s'imponeva ai cittadini di ucciderli o prenderli 2.° ognuno atto alle armi dovesse accorrere in servigio dello stato; 3.° morte a chiunque tenesse corrispondenza coi briganti o li fornisse di checchessia, non ostante che tra moglie e marito, tra padre e figlio; 4.° erano tenuti a prendere le armi i genitori de' briganti contro i figli, i fratelli contro i fratelli; 5.° trasportare le gregge in certi luoghi guardati; 6.° sospesi i lavori di campagna, o permessi soltanto quando non si portasse cibo addosso nè pure per bisogno proprio; 7.° collocare una banda di gendarmi e soldati nei paesi, non a persecuzione de' briganti, ma per vigilare se i cittadini adempissero strettamente i loro obblighi. Ciò premesso, dette il giorno in cui, per tutte le Calabrie, da Rotonda a Reggio, cominciasse la caccia dei briganti.

Voi intanto, politici sentimentali di questi tempi fortunati, vi scandalizzerete di tali provvedimenti, ma dovete sapere che il brigantaggio durava dalla venuta di Giuseppe Bonaparte fino al 1812, cioè parecchi anni; come voi ora lo farete durare parecchi secoli.

Questi ordini, come troppo duri, parvero soltanto dettati per mero vanto; ma tra poco i fatti trassero ognuno d'inganno.

XIV.

Undici della città di Stilo, donne e fanciulli, recandosi a cogliere ulivi in un podere, colti con del pane addosso per ristorarsi a mezzogiorno, vi lasciarono la vita.

In un bosco vicino a Cosenza fu scoperto un uomo canuto mentre che porgeva tremando del pane a uno di giovanile aspetto, ma pallido e magro e curvo per fame. Il vecchio era padre d'un brigante. Presi entrambi, furono menati e giustiziati a Cosenza. Per dar esempio si volle che il vecchio morisse dopo aver assistito la morte del figlio.

Nel bosco di S. Biase nacque un bambino alla moglie di un brigante. Essendo impedimento alla fuga, e co' vaggiti denunziatore del luogo che nascondeva i genitori, la madre, venuta di notte a Nicastro, destò un'amica, le consegnò piangendo il figlio, e ritornò al bosco. Ciò risaputo, Manhès ebbe sollecita cura del bambino, ma la nutrice soggiacque a morte.

Un contadino, avendo recato alquanto di farina a' ladri, non per pietà, ma per cinquanta ducati che ne ricevè in prezzo, preso dai gendarmi, lo fucilarono col gruzzo de' cinquanta ducati appesi al collo.

Or se a queste pene si ragguaglia l'impunità, la licenza di oggi, parmi di non aver errato ad affermare che se in allora le province furono travagliate alquanti anni, or saranno alquanti secoli; specialmente avuto riguardo che il Corriere del mezzodì e la Settimana van spacciando che l'essere brigante importi essere eroe. Ma un popolo che sopporta gli scrittori del Corriere e della Settimana, ben merita che gli si getti di questo fango in viso.

E ritornando all'argomento, diciamo che come si divulgarono questi fatti, lo spavento invase ogni persona. Parevano sciolti i legami più stretti di società e di natura, come si vede nelle grandi pestilenzie o ne' tremuoti, parea venuto il giudizio finale. I parenti e gli amici si vedevano dagli amici e dai parenti accusati, perseguitati, uccisi. Questo stato di violenza pur non durò gran pezza. Tutt'i Calabresi, perseguitati o persecutori, operarono alla disperata; e poiché i briganti erano da meno per numero e propugnatori di causa iniqua, tra poco traditi e alla spicciolata furono tutti oppressi. Al cominciar di novembre le liste davano tremila briganti, alla fine dell'anno istesso non ne rimaneva pur uno. Meraviglia è che durassero due mesi. Manhès soleva dire a ragione, che se i suoi ordini fossero stati tutti eseguiti con rigore, bastavano soli dieci giorni a ricondur la pace.

XV.

Pure, per non cacciarli nella disperazione, fu loro concesso di presentarsi. Nè si creda che quest'amnistia era come le antecedenti, allorchè i briganti rimanevano liberi ne' loro comuni, possessori delle ruberie fatte, pronti alle vendette, a ritornare al modo di vivere antico. No, la presentazione volontaria doveva essere nelle carceri, sotto la forza del governo, lontani dalla società che essi avevano desolata.

Gli ultimi a depor le armi furono alcuni fuggiti sulle montagne quasi inaccessibili del Gualdo, di Pollino, di Gampotanese, della Sila, dell'Aspromonte. Vi stettero alcun tempo allo schermo di ogni offesa: e quindi si accostavano alla pianura, mandando innanzi alcuni molossi addestrati a fiutare e ghermire coloro che cercavano scampo con la fuga. Il Bizzarro, uno de' capi, spesso sfamava i suoi cani coi corpi degli uccisi.

XVI.

Sui gioghi dell'Aspromonte sorgevano, in mezzo a selve foltissime, i comuni di Serra e di Mongiana, dove era una fonderia di ferro del governo. I briganti di quei luoghi fecero intendere alle autorità municipali del primo comune che, volendosi conformare agli ordini del general Manhès, desideravano, per non farsi altrui scherno, presentarsi di notte in una casa convenuta. Il sindaco, il comandante le guardie civiche, il tenente della gendarmeria, il francese Gerard, si raccolsero nell'ora e nel luogo stabilito.

Colà vennero sui principio quattro o cinque assassini; e mentre mostravano di discutere della loro sommissione, gli altri frattanto ebbero l'agio di circondare e stringere quella casa. A un segno irruppero e vi trucidarono il sindaco, il comandante della guardia, il tenente Gerard, quanti ne trovarono.

E la morte non veniva ingrata al povero Gerard. Non molto tempo fa sua moglie, delle più avvenevoli e leggiadre donne che allora si sapessero, caduta in mano de' briganti di Castrovillari, dopo aver patito ingiuria ed onta, le fu tolta la vita. Ella si era accompagnata, per maggior sicurtà, ad una schiera comandata dal colonnello Cassan, che portava il vestiario del 20° di linea. Questa schiera, travagliata per tutta la via da subiti attacchi, finalmente colta in luogo svantaggioso, furono tutti trucidati. La donna trasse orribil vita alquanti giorni con gli assassini; e poi, quando venne a morte, non di se dolevasi e della gioventù tronca innanzi tempo, ma del marito, ch'ella amava sopra ogni cosa.

L'assassinio del comune di Serra empiè ognuno di terrore. Manhès si mosse a imporre la dovuta pena. Egli ben intendeva che, essendo il comune di Serra e grande e forte, dovè aver contezza del tradimento, e per compiacenza e consentimento. se non vi pose le mani, lasciò fare.

Il Generale avea quest'opinione del nostro popolo, che, essendo povero ed ignorante, per se stesso non sarebbe capace di trascorrere a violenze, quando altri non ve lo traesse. Il popolo amava di procacciarsi la vita, sentirsi la santa messa, e viversi in buona pace.

E perchè sono i preti che possono più nell'animo de' nostri contadini, Manhès pensò di colpir essi prima d'ogni altro.

Se non che, convenendo eziandio dare un castigo al popolo, ed un castigo grande quanto il delitto avrebbe portato con se di molti mali, tanto più che disertando Serra, si toglieva il paese più industrioso delle Calabrie, e da cui il governo traeva il ferro fuso ed i projettili d'artiglieria per la vicina fabbrica di Mongiana; si pensò di dare al popolo un castigo morale, perchè la distruzione del comune sarebbe stata una gran perdita.

Il Generale si parte di Cosenza, tutto chiuso ne' suoi pensieri. Passa Rogliano, Soverìa, Nicastro, Maida, senza punto fermarvisi. Da quest'ultimo comune lasciando la via principale per giungere più presto ed improvviso, entrò nelle foreste che coprono le montagne d'Aspromonte, e senza essere annunziato nè pur dalla fama, a un tratto piomba in Serra. Ecco alle porte del comune, senza che niuno se l'aspettasse, lo squillare delle trombe. Erano le scorte e l'avviso dell'arrivo del Generale.

A quel suono tutti si tennero perduti, e fin nei più tristi si spense la speranza.

Il Generale entrato che fu nel paese, traversando per la piazza, vide spettacolo assai miserando. Ai canti delle vie spenzolavano ludribri di membra umane e teschi spezzati.

– Cos'è quell'orrore?

– Generale, noi siamo i parenti degli uccisi in quella notte, noi abbiamo preso vendetta di alcuni di quelli ch'ebbero parte al tradimento. Domandate ognuno, e troverete che per le nostre mani sono essi caduti.

Manhès rivolse gli occhi dal fiero spettacolo, e ordinò che quelle carni, di là spiccate, avessero conforto di sepoltura.

Smontato nella casa dove avea divisato, si chiuse nelle sue stanze col cuore lacerato da crudeli pensieri. Egli non ritrovava più nessun segno di umanità in quelle genti; che anzi parevano più fieri e selvaggi delle bestie più selvagge.

Intanto i principali del comune, agitati da gran paura, venivano a porgergli omaggio. – Non voglio ricevere alcuno, egli rispose. Non sono qua venuto per omaggi, ma per far giùstizia, ed ella sarà piena e terribile. Diasi frattanto alcun ristoro alla mia scorta, acciocché poi si trovi pronta a tutto. – La notte seguente il Generale non trovò riposo, intento a cercare qual modo di pena si convenisse usare. Che farò io? dicea sovente seco medesimo. Bisogna appendere altre teste nel luogo stesso dove l'avevano questi selvaggi? Ma le uccisioni da costoro commesse o vedute sono senza numero; ed il supplizio estremo non farebbe che loro vieppiù accendere la febbre che hanno del sangue umano. E' bisogna ritrovare una pena ad essi più spaventevole della morte cui già sono usi da gran tempo; bisogna colpirli in ciò che hanno di più caro, le loro superstizioni.

Sull'alba si venne ad avvertire il Generale che nella notte gli abitanti avean trafugato nei luoghi più alpestri e reconditi quanto c'era di bene nelle loro case. Questo faceva chiaro com'essi temessero le pene severissime bandite contro i protettori e i complici de briganti.

Fatto giorno, si ordinò che tutti gli abitanti di Serra senz'eccezione dovessero venire alla presenza del Generale per sentirsi qual maniera di condanna si spettava alle loro scelleraggini.

La radunanza fu immensa. Preti, ricchi, poveri, vecchi, fanciulli, tutti v'intervennero. Il Generale, benchè pratico di quelle genti, pure, a vedersi circondato da selvaggi senza legge, senza umanità, con quelle facce brune, con gli occhi scintillanti e foschi tutti in lui rivolti, sentì in se qualche cosa d'insolito, non sai se ribrezzo o orrore.

Ma scacciando ogni altro pensiere, comprese che si dovea mostrare sicuro di se stesso ed inesorabile. A vederlo, un susurro indistinto corse fra quella moltitudine, e l'uno diceva all'altro: Vedi, ha la faccia triste come la morte. Che fia di noi?

Egli aveva allora 32 anni, di belle e fiere sembianze, biondi ed inanellati i capelli che gli cadevano sulle spalle. La nobiltà stessa del suo aspetto faceva credere a quei villani ch'ei fosse come l'angelo di Dio sceso a sterminarli. Ma quando il Generale prese a favellare, fra quella gente non s'udiva pur alitare, tanto suonavano formidabili le sue parole!

Tutto quel che disse non si saprebbe ora riferire. In generale si distinsero queste parole: « La distruzione del vostro paese, la morte de' colpevoli, e tutti siete tali, non valgono a soddisfare la vendetta di quel Dio ch'è giustamente in voi sdegnato. Io vi condanno d'ora innanzi a non far più parte della società umana; voi siete ferocissime bestie che non osservate nessuna legge. Il perchè io vi tolgo i conforti, le speranze della legge divina, e vi bandisco fuori della legge umana. Ordino la vostra esclusione dall'autorità ecclesiastica e dalla temporale. Ordino che tutte le chiese di Serra sieno chiuse, che tutt'i preti, giovani o vecchi, sani o infermi, senza eccettuarne pur uno, sieno tradotti in Maida, e quivi in eterno messi nelle carceri. Ordino che i comuni vicini facciano sollecita guardia intorno ai loro territori, impediscano e contendano Ventrata a tutti i nativi di Serra, faccian fuoco addosso a quelli di voi che vi si volessero accostare, faccian fuoco come sopra animali presi da idrofobia.

Voi vecchi, miseri a voi! tra poco scenderete sotterra senz'alcuna delle dolci consolazioni che offre la religione. Voi non otterrete alcuno de' sacramenti che assicurano nell'altro mondo una vita eterna di felicità; voi morrete come reprobi destinati alle fiamme dell'inferno.

Voi giovani, avete mogli che v'idolatrano, che portano ne' loro seni quelli che speravate formerebbero la gioia e la felicità delle vostre famiglie: lasciate questa speranza. I vostri figli verranno alla luce senza la rigenerazione nelle acque salutari del battesimo che dovevano aprir loro le porte del paradiso. Vivrete come avete vivuto, come avete voluto vivere finora, senza legge, senza umanità; vivrete come i lupi delle vostre foreste.

Voi donne, genererete figli che vi saranno aspidi. Essi ritrovandosi dal giorno che nacquero fuori della religione, vi domanderanno: Perchè non ci strozzaste nella culla, quando dovevamo crescere senza battesimo? E vi malediranno finché loro basterà la vita, e vi malediranno i figli de' vostri figli, e vi pregheranno i più crudeli tormenti da Dio.

Su via, allontanatevi; vi lascio in preda al vostro meritato destino.»

All'annunzio di tanta rovina, rimasero come percossi da fulmine. Muti, con la fronte bassa, ciascuno ritornò a casa sua senza saper che farsi. Ma poi, ripensando alla prima cagione di questo male, i preti, già li avrebbero tutti a furor di popolo immolati, se non fosse che costoro, facili a cavarsi d'impaccio, come son pronti a mettervi altrui, presero a divulgar che le pene minacciate non avrebbero effetto, che quelle eran parole, e però si rassicurassero.

E mentre i villani si cibavano di questa speranza, ecco venir fuori un ordine di Manhès, col quale ingiungeva alle guardie civiche dei paesi circostanti di levarsi tutte in armi, ed accorrere in Serra. Convenuti d'ogni parte, il Generale ordinò che tutti i preti si trasferissero nella badia dei Certosini, la prima che S. Bruno ordinò su quei monti; e per essere la badia vicino al paese, bisognò che anche quei frati prendessero l'esilio.

Venne il giorno della partenza dei chierici. In presenza di tutto il popolo gemente, la nera turba, ciascuno col suo fardello in dosso, si mosse a piedi, scorta dalle guardie civiche. Sopratutto era cosa assai miserabile a vedere un monaco vecchio d'oltre novantanni, che non potendo reggersi in piedi, n'era portato sopra una bara. L'aspetto scarno e sofferente di quel cadavere che ancora spirava, il tentennare del debole capo secondo i passi di chi nel conduceva, atterrivano i riguardanti più che mille supplizi.

Che pianti, che ululati si elevarono a quella vista! Le donne, sciolti i capelli, inginocchiate, si percuotevano il petto come uscite del senno. Di strida di fanciulli, di singulti e sospiri rimbombava l'aria. Bisogna però notare che il vecchio frate n'era stato mandato con gli altri solo a terrore. Del resto fu locato e intrattenuto agiatamente dal prelato di Maina per ordine di esso Manhès.

Questi, avendo dato buon avviamento ad ogni cosa, e collocato diligenti guardiani intorno ai confini di Serra, si pose anche egli in via per Cosenza. Ma, venuto fuori le mura, un nuovo spettacolo gli si parò dinanzi. Tutti gli abitanti di Serra, imbavagliati in lunghi camici bianchi, di molto leggiadri serti di spine incoronati, ciascuno la croce in mano, forse a memoria del martirio dato a Gerard e al sindaco, procedevano in lungo ordine a piedi nudi, cantando di tratto in tratto in modo assai mellifluo ed entrante: Generale eccellentissimo, miserere nobis.

Potete immaginare come il figlio della rivoluzione dell'ottantatrè si ridesse di questa commedia. Ma non ne facendo vista, anzi prendendo un'aria assai grave e severa, spronò il cavallo senza pur guardarli, e s'andò via.

XVII.

Quest'interdetto imposto da un laico, menò grande rumore. L'alto clero specialmente non se ne poteva dar pace, dicendo che le ragioni più importanti della chiesa venivano usurpate dal ceto secolaresco. E non potendo per niun modo ingozzare questo che tenevano come il più grande oltraggio, furono intorno al re, instando con ogni maniera di supliche che vi ponesse rimedio. Ma il re disse loro seccamente: Alla fine del lavoro giudicheremo.

Intanto gli abitanti di Serra, naturalmente dotati di molto coraggio ed energia, presero consiglio dalla loro disperazione. Era colà uno de' principali proprietari, il quale seppe tanto fare, che tutti riposero in lui fiducia. Questi vide che i suoi concittadini non potevano a lungo durare nello stato spaventevole in cui gli avea gittati il dittatore delle Calabrie; tanto più che gli abitanti dei paesi vicini eseguivano severamente l'ordine di ricevere a fucilate chiunque del comune di Serra ponesse il piede ne' loro territori.

E perchè quelli che avean dato morte al tenente Gerard ed al sindaco erano conosciuti, ma posti in salvo in gran parte con la fuga, l'intero popolo di Serra, armato fino ai denti, si pose a correre le campagne per cercarli. Li cacciavano, incalzandoli vivamente senza dar loro riposo nè pace, li scovavano dai recessi più reconditi a modo di belve, era insomma una guerra a morte. Inseguiti per tutto con cieco furore da' loro stessi concittadini, ributtati con egual vigore dalle guardie civiche degli altri comuni, privi di ogni aiuto, allora misurarono tutto l'orrore del loro stato.

Vigilando ciascun cittadino per scoprire i loro passi, intraprendere le loro corrispondenze, in breve li circuirono in modo, che non ne campò pur uno. Le teste degli assassini in segno di trofeo furono appiccate ai canti del comune. Alcuni morirono di fame nei boschi per non trovare chi loro desse un tozzo di pane; altri per non cader vivi nelle mani dei loro spietati nemici, disperando si uccisero da se, e i loro corpi servirono di pasto alle fiere d'Aspromonte.

Dopo un mese perveniva a Cosenza una supplica de' preti raccolti in Maida, dove, significata la terribile punizione ai colpevoli, s'implorava perdono. Allora il Generale ordinò che tutti gli abitanti di Serra si recassero in processione a Maida (un po' di commedia si richiedeva) per rilevare il clero e accompagnarlo alle loro chiese, che furono ribenedette per servire di nuovo al culto. Inoltre il Generale largì delle ricompense al comune; e l'animoso cittadino che in quel frangente avea preso il governo della popolazione armata in massa, fu nominato cavaliere dell'ordine reale delle due Sicilie.

Il mutamento di quel paese parve incredibile. Le tasse, la coscrizione da più tempo tralasciata, ebbero piena esecuzione. Colà vicino vi era un fortino, capace di buon numero di soldati posti alla custodia delle fucine di Mongiana. Le guardie civiche di Serra pregarono Manhès che d'allora in poi non spedisse soldati regolari a quella guardia: risponderebbero essi della custodia del luogo e della sicurezza publica. Insomma rimasero così convertiti, che al loro *Santo Diavolo* surrogarono le parole *Santo Manhès*.

Se ora si domandasse con che mezzi il Generale era pervenuto a tanto, si sappia che egli partì da Cosenza con soli sessanta lancieri della guardia reale che il re gli avea mandato per propria sicurezza, e coi pochi uffiziali del suo stato maggiore. Il mezzo di cui si servì fu il chiamare all'armi le guardie civiche dei paesi vicini, stringerle sotto gravi pene ad eseguire i suoi ordini. Quell'appello fu inteso, e un numero immenso de' cittadini in arme eseguì quel che mai avrebbero potuto soldati regolari.

Intanto, dato un impulso forte e generale, levate in armi tutte le popolazioni di Calabria, i briganti si videro nel tempo istesso e da tutti i punti assaliti e premuti. Quelli che non godevano nei conflitti, si recavano a ventura di afferrarsi all'unico mezzo che loro rimanesse, venendo a porsi nelle mani del governo.

Di questo benefizio non pochi fecero tesoro. Da ottobre al finire di dicembre, nel corto spazio di tre mesi, 1200 briganti si trovavano chiusi nelle diverse prigioni di Calabria. Ne furono eziandio di quelli più induriti che, non volendo prendere questa sola via di salvezza, memori del loro impero passato, e quindi sdegnosi di venire in balìa altrui, o allettati dalla speranza che un giorno la fortuna si porgerebbe loro più benigna, rimasero intanati nei boschi. Ma di dì in dì cadevano sotto i colpi delle guardie civiche, entusiastate dai premii, atterrite dalle pene che loro dava Manhès immancabilmente.

Egli, lo stato maggiore ed i pochi lancieri di sua guardia partecipavano con l'ultimo delle guardie civiche alle fatiche di un'aspra guerra sui monti, e pure lasciava a queste tutto il merito del buon esito. Continui e grandi erano i premii ch'egli domandava e otteneva a tenor di posta dal re per quelli che se gli avevano meritati. Affratellandosi a loro con quella facilità e grazia tutta de' Francesi, seppe talmente accenderli alle più ardue imprese, che poi ne prendea meraviglia egli stesso. Era eccessivo il numero dei briganti che restavano uccisi o presi giornalmente dalle guardie civiche. Per l'innanzi i cittadini, smarriti d'animo, fuggivano i briganti, ora eran questi alla lor volta che fuggivano quelli a più potere.

A dare un esempio della veemenza e dell'ostinatezza delle guardie civiche, basti ricordare che non pochi briganti per fame vennero a pascersi di crude erbe; e l'autopsia cadaverica su di essi aperse questa spaventevole verità.

La persecuzione, cominciata nel novembre del 1810, nella prima metà del 1811 fece sì che le Calabrie furono assicurate. Ordine intero per tutto, il commercio ridivenuto libero, l'andare dall'un paese all'altro senza pericolo, i boschi senza agguato. Come dopo la tempesta ride la terra e il cielo sereno, cosi le città, i campi si mostravano lieti dell'acquistata sicurezza.

XVIII.

Rimanevano tuttavia nei luoghi più folti ed inaccessibili della Sila alcuni scampati come per miracolo al fato comune. Manhès non si prendeva affanno di cercarli, ma rivolse tutto il suo studio e la severità a fare che nessuno lor porgesse di che sostentarsi. Costoro perseguitava con eguale e forse maggior rigore dei briganti stessi.

Or egli è evidente che coi mezzi ordinari non si poteva avere così subito e felice risultato. Il non esservi riuscito per l'innanzi era da apporsi tutto ai deboli espedienti presi dal governo. Pure, fra tante morti, non cadde un solo innocente.

Il governo, in premio di questi servigi, onorò di molto Manhès, levandolo al grado di tenente generale, oltre al dargli titolo di conte con ricco appannaggio in quelle Calabrie da lui liberate. Il distretto di Castrovillari eziandio, dove gli assassini avevano di più infierito, dove più volte avevano investito grosse bande di soldati regolari e scannatili spietatamente, offrì al liberatore della Calabria una preziosa spada di stupendo lavoro, che si conserva tuttavia dalla costui figlia Principessa di Morra, in cui era scritto di quanto essi gli erano debitori.

Bisogna anche dire che conferì sopra ogni cosa al buon esito dell'impresa un'onestà rara tanto nel Generale, quanto ne' suoi dipendenti. Allora i Calabresi videro che non la brama di vile interesse lo moveva, ma il solo desiderio di servire il paese. Ventimila scudi non scrollarono punto l'onoratezza di un uffiziale delle guardie civiche di Carlopoli, deputato all'arresto del capitano Talarico, capo protettore di tutt'i briganti. Il perchè a buon dritto il Botta scrisse che « *se fu Manhès inesorabile fu anche incorruttibile* ».[2]

Intanto la peste del brigantaggio curata col ferro e col fuoco in Calabria, si apprendeva e dilatatasi a guisa d'incendio nelle province di Avellino, Salerno e Basilicata. Anche quivi erano ordini severi contro di loro, molti soldati in guardia; ma, lo ripetiamo, ciò non era suf-

---

[2] St. d'It. lib. XXIV, pag. 352.

ficiente a tanto male. Vi bisognava un uomo nato fatto a combattere i briganti. Il che parve così vero al Saliceti che, non curandosi delle Calabrie da poco liberate da quel flagello, chiamò lo stesso Manhès nelle altre province.

Che quivi si versasse in assai tristi condizioni, forse peggiori che nelle stesse Calabrie per l'innanzi, e' si fa manifesto da' seguenti fatti. Signore della Basilicata era un capo bandito per nome Taccone. Azzuffatosi spesso coi più valorosi soldati francesi, quando non aveva potuto romperli, si era fatto a deluderli con una tattica sì nuova ed ardita, da render vano il più provato valore. Or imponeva a' suoi di subito sbandarsi per mille opposte vie, or fuggendo a tutta lena, ad un tratto soffermatosi, correva addosso ai soldati anelanti che l'inseguivano, e assaltandoli prima che potessero riannodarsi, o li sopraffaceva, o, trovandoli fermi, riprendeva la fuga. Sembrava che avesse l'ali ai piedi, da un luogo piombava in un altro lontano, più rapido del baleno.

XIX.

Essendo una volta fra l'altre investito molto vigorosamente in certi boschi, egli mostrò di volervi fare estrema resistenza. Ma poi, giovandosi della notte sopravvenuta, se la svignò pianamente, e nel termine di poche ore, mentre i soldati l'andavano cercando fra boschi e dirupi, eccolo sotto le mura di Potenza, dopo d'aver percorso ben lunghe e difficili vie. Alla vista di quel nembo d'armati che pareano scesi dalle nuvole, e di cui buona parte fu presta ad occupar le porte della città, i Potentini, fiaccati d'animo, perchè credevano oramai tutta la provincia in balia degli assassini, non si ardirono di fare altra resistenza.

Allora l'imperator Taccone manda un araldo nella città, imponendo che tutte le autorità, civili, militari ed ecclesiastiche, pena la vita e l'arsione delle case, si conferissero da lui immantinente. Si videro i più ragguardevoli personaggi in atto umile e supplichevole, seguiti dal clero e da immenso stuolo di popolo, venirsi ad inginocchiare innanzi a Taccone, e domandargli mercede con le mani congiunte. Il brigante, tenutigli un pezzo in quell'atto umile ed in forse della vita, finalmente, come mosso da natia magnanimità, disse: Levatevi, sciagurati; non siete degni dell'ira mia. Mal per voi se vi avessi colto in altro tempo. Ma oggi che ho debellato interamente i miei nemici con l'aiuto della Santissima Vergine, oggi che è dì di festa e di trionfo per tutt'i giusti, io non voglio sporcarmi del vostro sangue, ancorché il versarlo tornasse utile. Non però sarete esenti da ogni pena. In merito dell'essere stati rubelli al vostro re e al vostro Dio vero, pagherete fra un'ora quella taglia che il mio segretario crederà di porvi. Intanto mandate alcuno in città ad ordinare in mio nome che la festa sia bella e grande, perchè intendo di celebrar la mia vittoria. Voi tutti, cantando inni di laude, ci accompagnerete al duomo, ove monsignor vescovo intuonerà l'inno ambrosiano in rendimento di grazie all'Altissimo per il trionfo dell'armi nostre. Or su, in avanti.

Tutto il popolo, cantando il laudate e con rami d'ulivo in mano, si avviò per il duomo. Taccone veniva a cavallo, goffamente parato e tutto ringalluzzito. Cantato l'inno, e sborsata una grossa taglia, la masnada se ne fu ita; ma, ahi! menandone una preda assai più preziosa dell'oro e dell'argento.

Nell'entrare in città quei ribaldi trionfalmente, ogni donna corse a veder sì nuova cosa. Passando dinanzi al palagio più orrevole, Taccone, che quel dì sentiva del galante, volto gli occhi in su, ebbe veduto il bel viso angelico d'una donzella, che, tra desiosa e timida, si affacciava dal balcone anch'ella per veder. Fermato il cavallo, si pose a saettarla con quel suo riguardo sinistro. Ella, come sì tosto se n'accorse, coprendosi il viso con infantile terrore e fattasi tutta bianca e tremante, se ne fuggì nelle sue stanze. Invano: il ladro, accecato di bestial foia, la si volle condur seco, non ostante che il padre offrisse di molto oro a riscattarla.

– Oibò, disse Taccone, io non traffico sul cuore. Voglio tua figlia, non il tuo danaro che sia teco in perdizione, sozzo che tu de' essere.
–
Tratta di casa a forza, ella, che non conosceva altri abbracciamenti che quelli de' venerandi genitori, piombò in un inferno di sozzure. Poi non se n'ebbe più novella.

Dopo qualche mese, essendo dai giudici interrogato uno della masnada circa la donna, e' rispose che, passati due giorni da che fu rapita, Taccone era corrucciato fieramente contro di lei, apponendole che non facesse altro che guaire; che già l'avrebbe uccisa, vedendo chiaramente quanto poco conto facesse della compagnia d'un par suo, ma poi se ne ritrasse, avuto riguardo, diceva, che ella portava il nome di Maria protettrice di Taccone.

– D'allora, seguitò il ladro, la fu lasciata a nostro agio, nè saprei dire quanto tempo ci stette, nè come s'andasse a finire. Questo ben posso affermare, che un giorno Manhès incalzandoci molto da presso, ella,

Un generale contro i briganti 71

che nella fuga precipitosa n'era portata sugli arcioni da uno de' nostri, presa da sfinimento, cadde o accennò di cadere. Intesi da quel mio compagno dirle una gran villania, nè altro intesi. Questo è tutto che si seppe. Fu uccisa dal ladro e le sue povere membra lasciate in preda ai cani, ovvero, abbandonata alla campagna, fuggì a nascondersi in qualche ignoto luogo lontano? Per cercare che facessero i parenti, non si riseppe più nulla.

XX.

La guerra diceva buono a Taccone. Dopo aver taglieggiato Potenza, volò al castello del barone Federici, fiero nemico de' Borboni. Benchè assalito alla sprovista, il castello si difendeva francamente. Passò tutto un giorno combattendosi, e molti cadaveri nemici si vedevano sparsi per terra; ma a que' di dentro le munizioni cominciavano a difettare. Il giorno seguente fu salutato da un furioso trar di moschettate. Muovea i briganti la rabbia della resistenza in un picciol luogo dopo d'aver corsa per loro Potenza; animava i terrazzani il proprio pericolo e l'esempio del barone, primo sempre ai cimenti. Ma scorrendo le ore, stremavano sempre più le munizioni.

– Signore, dicevano i villani, per pietà rendiamoci a patti; che, indugiando, egli prenderanno senza fallo il castello e noi con le nostre famiglie saremo tutti morti. – Miei poveri amici, che dite mai? Credete voi che in questi assassini regni tanta fede da osservarci i patti? Se non ci viene aiuto di fuori, io non veggo scampo. Vada alcuno a sapere se la vedetta scopre nessuno per la campagna. –

La campagna era deserta, l'orda dei briganti invece ingrossava dei contadini d'intorno, accorsi all'odor del saccheggio. Finalmente si ordina l'assalto generale. Da per tutto si vedevano scorrere scale e stipe e scuri: grida di gioia infernale n'andavano alle stelle.

Il signore, or riguardando a quegli apparecchi, ora alla moglie e alle giovani figliuole pallide come la morte, si sentiva preso da un furor cieco e disperato, specialmente quando le donne cercavano di scontrarsi negli occhi suoi per leggere se alcuna speranza di salute ancora rimanesse. Infine il Federici, volendo levarsi dall'animo ogni carico dell'imminente eccidio, mandò, non restandogli altro, suoi messi per la resa a Taccone.

Ai messi convenne aspettar lunga pezza prima di veder la chiara faccia del nuovo generale, il quale allora si stava libando supreme dolcezze d'amore. Di poi, venuti al suo cospetto, poichè offersero la resa a patti, quegli, sorridendo, disse: Recate al barone che il castello è mio, salve le persone. Partiti gli ambasciatori, e dolendosi con Taccone alcuni confidenti perchè avesse concesso larghe condizioni, laddove molti de' loro giacevano ancora insepolti per quel cane carbonaro, egli con ghigno rispose: Ve' come sono semplici questi amici miei. Primamente, chi v'assicura che travagliandoci più lungo tempo intorno a questo castellaccio, non sopravvengano gli aiuti? Chi v'assicura che, non facendo salve le persone, si sarebbero arresi? Ah! voi non sapete quel che vi dite.

Sulla sera il castello cadeva in mano dei nemici. Il signore, dopo d'aver consegnate le chiavi, si movea con la famiglia per andarne altrove a cercare i fatti suoi. – Rinnegato, dove vai? gridò Taccone. Che sia preso perdio! e sostenetelo qui tanto, che io ritorni dal dare una volta per il castello. –

XXI.

Or chi potrebbe dire con che avidità, con che furore la canaglia si gittò nell'interno del castello? Non era passata mezz'ora, e tutto era stato preso o guasto. Poi fu fatto nella corte un gran monte di masserizie e quadri ed arnesi d'ogni fatta, vedendo tutto il barone e la famiglia, che ivi erano ligati aspettando che dovesse essere di loro. Compiuto il saccheggio, si udirono alte grida, e poi venir giù, tutti cotti dal vino, i mascalzoni in festa e con faci in mano. Quelle grida dicevano che al castello già erasi appiccato il fuoco.

Convenuti nella corte, Taccone si avvicinò al Federici, e premendogli in capo di traverso un cappellaccio, domandò perdono dell'aver finora lasciato sua eccellenza solo al buio; onde, per ammenda, ordinò che si facesse un po' di lume. Fu posto il fuoco alle masserizie, e le fiamme prestamente divorando quei legni aridi, avventavansi al cielo in tortuose lingue.

– Su via, gridò Taccone, non fate consumare invano sì bel chiarore. Su via, amici, stringiamo parentado con le donne di sua eccellenza il barone Federici; e innanzi tutto, diasi principio alla danza. – E, ciò detto, egli il primo presa per mano una figliuola del signore, e gli altri, le altre, e poi tutte le donne del castello, secondo che venivano a mano, incominciarono intorno intorno all'incendio a menar la danza. Di che Federici, vedendo con raccapriccio a che la cosa riuscisse, non resse più, e giratosi tra le fiamme, scomparve in quelle. Taccone si dolse con la dama che il padre di lei non avea voluto dargli la dolcezza di assistere le nozze, e poi, acciocchè, diceva quegli s'avesse degna compagnia, prese l'ultimo figlio del Federici, bambino, e lo gittò nel fuoco. Non ci basta l'animo a dire ciò che seguì. Il solo bambino dalle fiamme campò come per miracolo. Il Generale Manhès dopo molti anni in vederlo, non sapeva contener le lagrime. La baronessa, le figliuole e l'altre donne, dopo le nozze s'ebbero il rogo.

XXII.

Nè minor strazio faceva di quella provincia un altro bandito, cui davano il soprannome di Quagliarella. Taccone la parte meridiana, Quagliarella disertava la Basilicata settentrionale. Una fiata, avendo saputo del generale de Gambs, che da Vietri ne veniva a Potenza, si agguatò nel bosco del Marmo. Il giovane generale viaggiava con una dama napoletana, che gli era cara più che la vita sua. Giunti alle insidie, ed ecco i ladroni venir furiosi loro addosso. Non avendo altra scorta d'armi, si diedero alla fuga, e correndo, il generale si smarrì dalla dama.

All'uscir del bosco, egli rattenne il cavallo, e volgendosi intorno, e non riveggendola, s'indovinò di quel che era, e rivolti addietro i passi, senza più guardare al suo pericolo, si pose per quelle mute solitudini del Marmo a cercarla, chiamandola spesso ad alta voce con strazio indicibile dell'anima. Che non fece e non disse per stornarla da quel viaggio? Ma ella che non aveva pace senza di lui, nulla curandosi nè de' disagi del cammino, nè de' pericoli avvenire, rimase ferma a volerlo pur accompagnare.

De Gambs, mettendosi più addentro nel bosco, dopo molto cercare, alla fine dando attentamente orecchio, gli venne per l'aura correndo comune un lamento di chi muore. Allora, cieco dalla disperazione, corse battendo a quella volta; e, pervenuto là dove li scherani avean fatto capo con la dama in mezzo, senza veder quello che si facesse, dette con gran tempesta fra di loro. Il conflitto non fu lungo. Alquanti giorni dopo, nello stesso luogo, i pastori trovarono de' cani intesi a divorare un cadavere.

XXIII.

Il re, sommamente dolente di questo fatto, che il giovane de Gambs gli era molto caro per il suo valore, la cortesia, l'umanità e gli aurei costumi, commise a Manhès il comando eziandio di quelle province. Le Calabrie, la Basilicata, i Principati, la Terra d'Otranto, quella di Bari e la Capitanata furono quindi tutte dipendenti da un solo.

Molti generali che avanzavano Manhès per anzianità di grado, ritrovandosi in quelle province al comando di divisioni militari, rimasero tutti a lui soggetti, acciocché vi fosse unità di comando e di azione.

Il generale dittatore venne a dimorare in Potenza, come a centro del piano d'attacco che divisava. E, non si tosto vi giunse, tutto come per incantesimo cangiò aspetto: tanta era l'autorità del suo nome! I più straordinari successi, come nelle Calabrie, si videro eziandio nella Basilicata. Taccone e Quagliarella, incalzati dovunque, abbandonati da' loro seguaci, caddero in mano della giustizia. Taccone in un feroce conflitto fece disperata resistenza; e, preso che fu, gli apparecchiarono un'entrata in Potenza assai diversa da quella fatta innanzi. Non erano scorsi due mesi, ch'egli entrava trionfante in quella città, co' più grandi personaggi a' suoi piedi, con le ovazioni d'una plebe corrotta, pronta sempre a novità. Ora, assiso sopra un asino, la cui coda gli serviva di briglia; con in capo una mitera e due corna ai lati, e portando una scritta a grandi lettere, la quale diceva: Questo è l'infame Taccone.

Quagliarella fu preso e messo a morte da pochi mietitori in Ricigliano a' quali puntualmente si spartì la taglia di mille ducati, promessa a quelli che dessero addosso a' briganti.[3] Portava ancora in dosso le vesti dell'infortunato generale de Gambs, da lui assassinato nelle gole di Picerno. Manhès tolse quelle vesti, e fu sollecito di mandarle al vecchio generale, padre dell'ucciso, con la decorazione di commendatore dell'ordine delle due Sicilie, della quale il brigante si ornava a vanto. Il vecchio non ebbe altro conforto; e spesso fu veduto nella solitudine della sua casa stringersi al cuore quelle vesti e chiamare il figlio suo.

---

[3] Si vede quindi che eziandio l'estrema severità non basta senza l'adescamento del danaro. Non è già che si propongono gl'istessi spedienti al nostro governo, non già. Un governo costituzionale deve cadere costituzionalmente.

XXIV.

Qui cade in acconcio di fare un' osservazione: Quagliarella essendo caduto per mano dei mietitori, si fa manifesto che le messi allora erano mature. Dunque, non ostante che avevano questa via da alimentarsi, il timore di cader nelle pene faceva sì che in tanto numero di gente, quanto allora frequenta le campagne, non trovavano nessun appoggio. Bisogna invero dire che non erano le sole pene che ritraevano i contadini dal favorire i briganti. Il Generale bene scorse che con una gente fanatica, la quale morendo crede di ricevere la palma del martirio, le pene erano niente, se non le avvaloravano le parole de' preti. Il perchè lor teneva sempre l'occhio alle mani; e quando in alcun luogo suscitavansi ribellioni, i preti erano certi di doverne essi primi portar la pena. Della qual cosa seguì, che, come prima spronavano a sedizione il popolo, rinfocolati da zelo per il loro legittimo Ferdinando IV, così poscia essi furono i suoi più fieri nemici e predicatori. Ma oggi questo non potrebbe farsi senza pregiudizio grandissimo della libertà di coscienza. Libertà per tutti, libera specialmente la Santa Madre Chiesa.

Or chi crederebbe che non ostante tutto il sangue sparso avanti nelle Calabrie, vi era ancora taluno che cercasse ivi di far novità? Questo mostra come il terrore non sia mai troppo per una malnata genìa.

XXV.

In fatti, quel Bizzarro di cui dicemmo innanzi che scaltriva feroci cani a scoprir l'orme umane, e dava i corpi degli uccisi in preda a quelle bestie, ora ritentava di levare il capo. Ma, benché Manhès non si ritrovasse personalmente allora nelle Calabrie, pure la severità de' suoi ordini rimaneva in pieno vigore. Come sì tosto seppesi del Bizzarro, un numero grandissimo di guardie civiche gli mosse contro. Si venne più volte alle mani, e il Bizzarro avendo sempre il peggio, non gli rimanevano che due seguaci ed una donna che per amore aveva preso a seguirlo. Or avvenne che, vedendosi circondato da tutte parti dopo lunga fuga, mentre credeva d'aver trovato il rifugio in una caverna a lui solo nota, in cui s'entrava per un picciol foro strisciando il ventre per terra; ecco che il bambino, che la donna aveva avuto da lui, addolorato per continui disagi, incominciò a piangere molto pietosamente. – Donna, questo tuo piccolo par che abbia proprio l'intenzione di

trarre in questo luogo i miei nemici per vederne lo strazio che faranno di me. –
E la donna s'ingegnava con lusinghe di quietare il bambino. Ma non restando questi però dal piangere, il Bizzarro si levò, e, senza proferir parola, strappatolo alle braccia della madre, lo prese con l'un piede, e dopo averlo rotato in aria, gli franse il capo ad un macigno colà dentro.

Fu gran fatto che la donna a quella vista non scoppiasse, o s'avventasse come tigre al collo del parricida: ma per allora non dandone vista, aspettò tempo alla vendetta. Non andò molto, ed il Bizzarro, rotto dalle fatiche, un giorno s'abbandonava al sonno. La donna, quando credè ch'ei dormisse ben sodo, gli si avvicinò pian piano, e inchinandosi sopra di lui, volle provare se potesse di leggieri destarsi. L'assassino era immerso in profondo sonno, e vaneggiando ne' suoi pensieri, formava parole confuse e tronche, dalle quali però la donna comprese come egli, temendo di esser giunto dalle guardie civiche per cagione di lei che ritardava la fuga, tenzonava fra 'l si ed il no d'ucciderla.

Ella allora si ricordò del bambino sfracellato sulla pietra, si ricordò di quanto aveva sacrificato al Bizzarro, perocché, presa d'amore per lui, aveva abbandonato la patria, i parenti, gli agi d'una vita riposata per seguirlo fra le stragi ed i pericoli; ed ora inferma per le patite sofferenze, per il recente parto, sarebbe per lui una ciancia da spacciarla quando gliene venisse la fantasia? E l'amore si cangiò in furore, e si pose pianamente a trarre dalle mani di lui il fucile, perchè, anche dormendo, si teneva l'arme stretta al petto; e trattolo, gli pose la bocca di quello all'orecchio e risolutamente trasse. Il Bizzarro non diè un grido; ma, dormendo supino, al colpo si rivoltò bocconi a terra.

La donna non fu sazia; e benché non ne avesse bisogno, pure, recatasi dal governatore della Calabria ulteriore, domandò che le si dovesse la taglia de' mille ducati posta sulla vita degli assassini, mostrando con ciò d'aver in odio e in ispregio il Bizzarro, eziandio morto. Il governatore le noverò i danari.

Al tempo che Manhès scriveva le sue memorie, trentacinque anni dopo questo fatto, la detta donna si viveva in Mileto, madre e moglie affettuosissima.

XXVI.

Dopo tali esempi il regno di Napoli godè di una pace, che mai la simile a memoria degli uomini. A questo proposito il Botta ebbe a dire: Cosa incredibile, ma vera; si poteva dimorar e viaggiare nelle Calabrie con la più grande sicurezza. Le strade si aprivano al commerci, l'agricoltura riprendeva i suoi lavori, tutto annunziava il passaggio dalla barbarie all'incivilimento.[4]

Nè solo il Botta applaudì alle misure prese contro i briganti, ma eziandio gli storici conte Orloff, Moise[5], e quanti non hanno appartenuto alla setta guelfa, nata in Italia intorno al 1830. E' si sa che questa setta, oltre all'aver professato opinioni pregiudizievoli all'Italia per lo passato, ora, essendo stati abbandonati dal papa, ci nuocono, se non con le opinioni, a cui non v'ha chi oramai presti fede, con l'animo rimesso e timido, coi torti consigli, con una politica miope. Se ora si prendessero quegli spedienti che usò Manhès, essi sarebbero i primi a levar contro la voce; e non pertanto gridano a più non posso che questo male alla fine si cessi. Manhès non era di questa fatta d'uomini: egli nacque in un secolo di fieri ed arditi uomini, di grandi propositi, che ora spaventerebbero questi spiriti fiacchi e mellifluii dei così detti moderati.

Il Botta, che per l'animo suo appartiene a quel secolo, torna ancora a rendere a Manhès quella lode che credette doversi a chi ha fatto di grandi servigi. Or questo storico aggiunge che « i servigi resi dal general Manhès nelle Calabrie lasceranno una ricordevole segnalata rimembranza del bene reso a quelle contrade, faran mai sempre degna di qualunque elogio la sua condotta, e il nome di Manhès sarà benedetto e maledetto finché vi saranno le Calabrie.»

Abbiamo detto che alla fine dell'inverno del 1811 non vi erano più briganti. Di quelli risparmiati dal ferro delle guardie civiche, trovandosi senza modo alcuno di poter vivere, erano venuti da se a porsi nelle mani del governo. In Reggio, Monteleone, Cosenza, Castrovillari e Lagonegro ve n'erano 2000 nelle carceri.

Il Generale, nel mandare relazione a Napoli de' buoni effetti ottenuti, chiese in grazia che de' rimasti non fosse egli giudice. Proponeva invece che in ogni capo di provincia si radunasse una commissione

---

[4] Botta, St. d'It., lib. XXIV, pag. 238.

[5] St. de' domìni stran, in Italia Lib. III, p. 531.

composta dell'intendente, del procurator generale e del comandante militare, acciocchè distinguessero in tre classi i briganti presi. La prima, de' capi masnadieri, o di quelli che, tali non essendosi, erano pure macchiati d'enormi delitti. La seconda, di quelli che erano stati semplicemente briganti. La terza de' più giovani, che per la loro poca esperienza avean potuto più facilmente essere tratti al male.

I primi, giudicati militarmente, dovevano soggiacere al supplizio estrèmo. I secondi spediti a' lavori forzati in perpetuo. Gli ultimi incorporati in quei reggimenti dell'esercito che si ritrovavano a guerreggiare in lontane regioni.

Or mentre si prendeva ad esaminare il passato de' briganti, questi, già da più anni avvezzi alla vita aperta e libera de' campi, a respirare l'aere puro delle montagne, bere l'acqua limpida delle fonti, sempre operosi, sempre in movimento, correndo di monte in monte, inselvandosi, o battendo la pianura; a poco a poco, costretti in gran numero nelle prigioni, quelle loro persone ferree incominciarono ad infiacchire, a stentare, ad anelar l'aria e la luce de' campi. Quanto era meglio se combattendo fossero caduti vendicati sulla fresca zolla, nell'entusiasmo della zuffa! Ora venivano mancando a poco a poco, e col corpo languiva lo spirito indomabile.

XXVII.

Febbri putride invasero le carceri; e colti dal malore, gli animi stanchi ivano ravvolgendosi in torbidi pensieri. Quante morti terribili allora si videro. Le memorie dei fatti passati confondendosi ai dolori dell'infermità, accrescevano le angosce. Ed erano determinate, chiare quelle fantasie, come se i fatti fossero avvenuti il dì innanzi. Molte cose dimenticate o neglette, or ritornavano alla mente sotto il loro vero aspetto. Il più piccolo accidente, ingrandendosi con foschi colori, veniva a gittare lo sgomento in quegli animi egri.

I più morivano dibattendosi violentemente contro nemici invisibili da cui si sentivano soffocare; e la forza veniva meno alle difese, la forza perduta negli umidi fetori del carcere: onde morivano disperandosi, maledicendo se ed i parenti che gli posero al mondo, maledicendo Iddio come tiranno vendicatore.

Altri si figurava al cospetto de' giudici, cui narrava piangendo tutta la sua vita. Non eran lagrime di pentimento le sue, ma le spremeva il timor di morte. Spesso, affannando, lasciava a mezzo il racconto, per un orribile delitto che appresso seguiva; ma quegli occhi profondamente scrutatori de' giudici in veste nera l'incalzavano minacciosi; onde, dovendo pur dire, se la lingua negava di proferire alcun misfatto spaventevole col suo vero nome, tosto dalla moltitudine ivi raccolta a pascersi del suo supplizio, si elevavano mille voci vibranti a scoprire il vero, e spesso, tanto incrudelivano sopra di lui misero! aggravando anche il fatto più del vero. Ed egli contradiceva; ma come dar fede a un assassino? E poi continuava, nè mai giungeva al fine, benché vedesse che ad ogni parola traboccava la bilancia dove era pesata la sua morte. Sicchè, proseguire non potendo, e il tacere diventandogli inutile, perchè tosto mille altri si sarebber levati a dire, cadeva a' piedi de' giudici, gridando mercede in nome di Dio e dell'umanità. Ma i giudici e la moltitudine si ridevano delle sue lacrime, anzi aveanlo in più dispregio, che vivere onesto non volle, e morir da forte non sapeva.

Allora egli, offeso da quelli scherni, vedendo indeclinabile la sua sorte, si apparecchiava, per non porger diletto ai suoi nemici, che avrebbero dovuto più impietosire se fosse egli stato un cane, si apparecchiava a morir con la fronte alta. Ma che? alla vista delle forche venivan meno i forti propositi, e il cuore cominciava a tremargli, e domandava con fievole voce grazia, pietà; ma i suoi nemici, deridendo, gli domandavano se egli mai ebbe pietà di nessuno. Così piangendo come un vile, e piangendo invano, sentiva cadergli addosso la morte.

XXVIII.

E fu un giovinetto, che non aveva ancora aggiunto il terzo lustro, e gli splendevano sulle guance le rose della prima età, quando un nero demonio s'impossessò del suo spirito e lo cacciò in un mar di delitti, dicendogli che si sarebbe fatto bello innanzi a Dio della difesa del re legittimo, povero e ramingo. Ed egli, non sospettoso nè scaltro, dette piena fede alle parole dello scellerato prete. Chi sospetta in quell'età divina d'innocenza, con un cuore sì nobile come il suo?

D'allora in poi il giovinetto non ebbe più pace. Tenendo il suo pensiero nascosto alla famiglia, spesso riducevasi in solitudine a sognar eroiche imprese. La regina, gli diceva il suo demonio, è il più bel fiore di gentilezza e leggiadria. Chi potrebbe ritrarti l'alto costume, lo splendore della regal fronte, e il parlar accorto umano, e quanto ha in pregio i valorosi uomini, e gli alti premii che concede ai suoi fedeli?

A quelle parole il giovanile ingegno si slanciava allegramente pe' mondi fantastici dell'avvenire, tutti sfolgoranti di luce e di gloria. Chi potrebbe ridire le sue stupende visioni? Venne il giorno ordinato, ed ei si gittò alla strada con altri scherani, non conoscendoli. Alla fine s'accorse dell'inganno, ma il dado era tratto. Reso temuto e d'oscura fama per opere ardite, la sua testa fu messa a prezzo. Allora egli si trovò fatalmente avvinto in una rete di delitti e di sciagure. Pensò sul primo di offrirsi volontario in sacrificio de' mali commessi, ma poi se ne ritrasse per orgoglio, perchè non si credesse ch'egli cedeva per viltà.

Or pativa l'ultime pene in un carcere di Cosenza. Di quella fervida fantasia, allevato nobilmente, la febbre carceraria lo assalì tra i primi: e qui si fe nota la sua storia.

Mentre combatteva contro gli assalti reiterati della morte, lo prese un forte delirio; ed allora venne narrando i tristi casi della sua vita, il prete traditore, le magnifiche speranze concette, e i disinganni che presto seguirono, e la fatal necessità che lo strinse di poi ai ladri, e le date morti e gl'incendii e tutti ad uno ad uno i suoi delitti. E quando alla fine ebbe corso d'un guardo la lunga e funesta via delle fatte scelleraggini, tanta disperazione lo vinse, che, balzato in piè ratto come se un serpe l'avesse morso, si gittò a corpo lanciato col capo alla muraglia per levarsi la vita. Accorsi pronti i custodi, ne lo impedirono; ma lo sforzo violento fatto sopra di se lo immerse in svenimento.

Quando cominciava a ridestarsi, il suo bel viso era tutto composto in pace. Non più in lurido carcere e tra malfattori, ma egli riposava in quella nota sua cameretta, il capo piegato nel seno della madre inconsolabile, e intorno con sollecita cura il genitore, la sorella, la pia e gentile Emilia; il fratellino Ruggiero, che, in sì tenera età, avea gli occhi gonfi di lacrime, e cercava di nasconderle per non contristare il moribondo; che ben vedeva il povero fanciullo come quelle lacrime dicessero perduta ogni speranza. E poi molti visi dolenti di vicini e di servitori, perchè tutti amavano lui, tutti ricordavano qualche benefizio da lui prima che gli fosse incolta quella sciagura per opera del prete. Il moribondo vedeva e notava tutto; ma la lingua inaridita non concedevagli di formar le parole. E intanto il tempo scorreva, recando sull'ali sue rapidissime l'ora estrema. Ciò sentendo con certi segni, alla fine, facendosi la più gran forza del mondo, sollevò il petto come per dire: Io sono in pace; e non potè, che l'anima in quel punto gli fuggiva. Ma non pareva morto. Gli occhi immobili ed aperti, la bocca quasi mossa a sorridere, mostravano come se si fosse per poco abbandonato a una visione dolcissima.

Il generale Manhès, che si ritrovò presente a quel funesto caso, s'inchinò sul morto, e baciatolo in fronte, gli pregò la pace. Di poi dette ordine che il cadavere si rendesse ai genitori, raccontando loro, per dare alcun conforto, il dolce transito del giovinetto.

XXIX.

Queste sono le notizie che si son potute avere di quei tempi dolorosi. Alcuni pochi particolari tralasciati nelle memorie scritte, li abbiamo raccolti dalla figlia del Generale Contessa Manhès, raccontate a lei nell'intime rivelazioni fatte accanto al focolare dal vecchio padre. Chi voglia or sapere qualche cosa di più intimo riguardo al protagonista di questo dramma, oltre quello ch'è detto, abbiam poco d'aggiungere.

Manhès si portò dal secolo e dal popolo in che nacque una forza di carattere assai rara, un odio tenace e quasi cieco contro le istituzioni del passato. La sua vita militare cominciò in quegli anni tempestosi, che tutta la vecchia Europa si gittò sulla Francia per ischiacciarla e svellere ogni germe di libertà. La Francia, mentre sosteneva con sforzi supremi questa lotta universale, ebbe ad opprimere ne' suoi stessi confini una ferrea ribellione. Bisognò che su quel popolo fossero cadute di sì immense sciagure per conoscere e provare tutta la sua potenza, tutto quel che possa l'amor di libertà quando accende animi forti.

Quanti grandi uomini che sarebbero passati oscuri, con l'occasione della guerra giganteggiarono e si resero famosi! Alcuni apparvero tali nel bel mezzo di quella guerra, altri, come Manhès, aspettarono più tardi l'occasione per mostrarsi quali veramente erano. Gli uomini apparecchiano i tempi, ma i tempi poscia formano gli uomini.

Oltre a queste doti che ricevè dal secolo, Manhès aveva un'ambizione sterminata; e per giungere al suo scopo, durava pazientemente grandi travagli, aspettando con fede incrollabile che venisse il suo tempo. Ancor molto giovane, egli diceva: Il mondo sarà pieno della mia fama, buona o rea, poco m'importa. Essendo fanciullo, e volendo ad ogni modo contro la volontà del padre prendere la via delle armi, si sottopose con franco animo ai più duri stenti. Egli partì di casa sua senz'alcun sussidio, perchè avevano creduto così di sconfortarlo, e pure col sacco da soldato sulle spalle mosse allegramente per la scuola di Marte. Quivi sopportò tutt'i disagi, dormendo a cielo aperto, il sacco per guanciale, e spesso soffrendo la fame. Fatto uffiziale, dal soldo toglieva quanto era necessario ai bisogni più stretti della vita: il resto spendeva ad educarsi. Tuttavia avea tanta fede nel suo avvenire, che mai fu veduto disanimato, mai rimpiangere la pace e gli agi della casa paterna. Un dì che il generale Millot suo zio, commendandolo per il suo valore, l'esortava a seguirlo in qualità d'aiutante di campo, egli risolutamente negò, se bene ad altri sarebbe paruto una gran ventura; e, preso il cappello di generale del zio, mettendoselo in testa, disse: Mon oncle, il me faut un chapeau comme cela.

XXX.

Da tutte queste cose si vede quante circostanze favorevoli concorressero a formare il carattere e le opinioni di Manhès. Dell'odio suo a' briganti scorgo l'origine nel Francese republicano che combatte la Vandea; e quando io veggo quest' uomo quasi solo, che si toglie il carico di compiere un'impresa a cui tante forze e tanti rigori per l'innanzi erano stati nulla; che entra animosamente nelle Calabrie, già divenute ai militari una vasta sepoltura, allora io mi ricordo di quella republica, che, assiepata d'ogni intorno da numero infinito di nemici, ella, sola in tanto pericolo, senza eserciti, con l'erario vuoto, senza uffiziali, si leva arditamente a spezzare quella spessa muraglia di baionette onde l'avevano ricinta.

I pericoli in cui versa al presente l'Italia non sono meno gravi di quelli che corse allora la Francia, anzi mi pare di poter dire che sono eziandio maggiori. In fatti, di che era minacciata la Francia, se non di perdere la sola libertà? Ma per noi si tratta dell'indipendenza ed unità; e l'unità ed indipendenza d'Italia faran naufragio infallibilmente in questa provincia, se non si pigliano que' partiti vigorosi estremi, che soli hanno sempre salvati i popoli pericolanti. Dunque a noi le occasioni ad accendere gli animi forti non sono mancate; bensì manca in chi regge la volontà di valersi di questi uomini. Ciò come è possibile col signor Minghetti, tanto rimesso e dolce che sarebbe anche troppo in tempi sicurissimi?

La ragione per cui si fugge da' rimedi efficaci è ben singolare, la republica. Come c'entri in questo la republica, io non saprei ben dire. In fondo poi si discorre nel seguente modo, che le rigorose misure domandando uomini energici ad eseguirle, e la setta che così discorre, sentendosi a tutto inetta, non amerebbe che altri servisse il paese

Un generale contro i briganti 83

dove essa non sa servirlo; e però, a tener lontani quegli altri dal banchetto a cui essa sola vuole assidersi, la loro appiccando i titoli di republicani, mazziniani e peggio. Mazziniani? Siete voi ora, come foste nel 1848, i più ciechi servitori di Mazzini. Questi non avea seguaci nel 60 come non ne avea nel 47; e sono i vostri errori, le vostre intemperanze, la vostra bieca intolleranza che gli danno ingrossata la setta. Quanto ha dovuto esultare Giuseppe Mazzini nel vedervi stendere più volte la mano a que' parricidi de' borbonici! Ma costoro han rigettato la vostra amicizia, e se ora finalmente cercate di punirgli, è perchè essi vi hanno disprezzato ed abbandonato. Or come vi potete dolere del discredito in cui siete caduti? Come possono i patrioti d'onore pregiare quelli che da' borbonici sono stati disprezzati, nonostante le preghiere, le lusinghe, i vantaggi che avete loro offerto? E questo, mentre facevate i visi acerbi, mentre calpestavate Longo e Delli Franci. Io non conosco personalmente questi due onorati uomini, ma io giuro che voi li calunniate, io giuro che essi vi avanzano incomparabilmente nell'amore all'Italia e al suo nobilissimo Re. Quante volte noi col pensiero correvamo in quella torre dolorosa di Gaeta, e vedendo le sembianze pallide, ma non vinte, di que' due magnanimi, immaginavamo con animo tremante di gioia il dì che li avremmo veduti combattere accanto al nostro Re! Ed ora che avete fatto di loro che son l'onore di queste terre?

In Italia il ristretto partito de' veri republicani per carità di patria è lontanissimo, più de' ministeriali, dal tentare qualche novità. Non resterebbero dunque che i soli mazziniani. Or è possibile che un Mazzini, per grande ch'e' n'abbia la voglia, possa aver impero in Italia? È possibile che vogliate ragguagliarci a' selvaggi Arabi, e com'essi, pronti a seguire in pieno secolo XIX questo novello profeta che ci vien gridando Dio e Popolo? Il bello si è ch'egli stesso non ha saputo determinarci chi mai sia il Dio suo. È possibile che mentre l'Austria, come diceva quel commissario austriaco a Felice Orsini, teme di Garibaldi e del Mazzini si ride, noi lo potessimo collocare in trono? Dunque il pericolo de' mazziniani non è vero, come mostrano di credere i ministeriali. Ma supponiamo che fosse, voi non rendereste cieche le genti fino a gittarsi nelle braccia di Mazzini, quando si persuaderebbero che da voi non possono più sperare nè sicurezza, nè moralità, in somma un governo giusto e vigoroso? E non siete voi che richiamaste il cardinale di Napoli, allettaste i preti cattivi ed i borbonici, vi rideste in parlamento, come d'un sogno, de' briganti che ci disertavano?

Vegga dunque il nostro Luogotenente come gli convenga nell'ardua impresa della pacificazione di questa provincia non tener conto delle opinioni di coloro che sono la cagione sola de' presenti travagli. Ed acciocchè questo libro sia con alcun frutto, lasciando, come indegne di considerazione, le opinioni di quelli che ci han gittato in tanti mali, proporrò le seguenti sentenze che formano la somma de' diversi fatti qui narrati.

XXXI.

I. Punire i preti cattivi, rimunerare i buoni. La nostra plebe, da cui si reclutano i briganti, è tutta nelle mani de' preti, e senza di questi, sedizioni non ne avverrebbero, perchè o istigano, o sapendo tutto, lasciano fare. In questo secondo caso rendonsi colpevoli per non aver dato avviso al governo, e così salvate a tempo la vita e le sostanze de' cittadini.

II. Tenendo occupati i soldati alla caccia dei briganti, oltre che non se ne cava frutto co me avvenne a' tempi di Giuseppe Bonaparte e di Murat, l'istruzione militare ne scapita immensamente. Intanto l'Austria in tutta sicurezza agguerrisce i suoi.

III. Perchè le guardie nazionali bastassero a tanto, fa mestieri allettarle co' grandi guiderdoni, o punirle severamente quando fallissero per codardia.

IV. Porre grosse taglie a chi ammazza o prende banditi, e allora i villani per avidità non gli lasceranno un momento in pace.

V. Poteri straordinarii militari in chi deve distruggere i briganti.

VI. Saper scegliere a quest'ufficio un uomo acconcio, e commettere a lui solo la difficile impresa. Dalla scelta del comandante dipende tutto. Senza di Manhès il regno di Gioacchino non si pacificava. È cosa assai ardua trovare un solo che faccia al proposito; noi invece abbiamo tanti comandanti militari quante sono le province.

VII. Le sole armi non bastano, ma bisogna attaccare i briganti eziandio con la fame. Quindi la morte a chi loro porge nutrimento. In ciò Manhès fu quanto mai dir si possa inesorabile.

VIII. Gli estremi rigori alterano i popoli forti, inviliscono quelli avvezzi a lunga e dura servitù, come la libertà gli rende arroganti e violenti. Si è vinto Montemiletto due volte, ma che giova? Ora minaccia la terza volta. Dicasi lo stesso del Gargano. Quando Manhès puniva, non c'era più pericolo di ribellione: pigliatene esempio

dal comune di Serra.
IX. Non far impacciare punto nè poco i legulei in quest'opera. Si richieggono uomini d'azione, com'erano Saliceti e Manhès. I legulei e gli arcadi d'ogni genere vadano a cinguettare, che a questo gli ha condannati Iddio.

XXXII.

Ecco le poche e semplici osservazioni che risultano da' fatti sopra raccontati. Perchè non si dovrebbe tener oggi la stessa via, quando è stata sperimentata con tanto successo? Alcuni diranno che sarebbe troppo rigore; ma in nome di Dio, qual popolo si è salvato senza enormi sacrifizi? E poi questo rigore momentaneo potrebbe paragonarsi al diluvio di sangue che inondò Francia ed Inghilterra quando vi si costui la libertà? Potrebbe paragonarsi a trentianni di guerra atroce che si sostennero in Germania per la libertà religiosa? Sono immaturi alla libertà que' popoli che non si offrono presti a sacrificarle tutto.

Ma lo statuto? Ed io vi rispondo che la republica in Francia ed Inghilterra non vietò le misure estreme. E poi, che m'importa del vostro statuto ove si tratti di salvar l'Italia? Quante volte i Romani, sospendendo la libertà, non si salvarono con la dittatura?

Nè credete che, tolti i borbonici fuggitivi, tutto ritornerà tranquillo. I soldati borbonici sono stati occasione, ma il fondamento, la radice delle sedizioni è nella plebe corrotta e imbestiata da' Borboni. Or con la plebe qualunque vittoria resta infruttuosa, ove non si accompagni al terrore ed a' buoni consigli del prete. Il prete è vile: mettetegli la morte sugli occhi, e vedrete come presto cangia stile. Il nostro prete non è fanatico come que' d'oltremonte; ama Francesco II e Pio sol per utile suo, ma quando lo stringerete fra la morte e Francesco, v'assicuro che il martirio non gli entra, benchè spacci di volerlo appunto perchè non l'ha veramente.

Nè è da tener conto di ciò che se ne potrebbe dir fuori. Alla Francia additate Roma, origine di questi mali, coperta dalla sua bandiera; ricordatele che noi non facciamo più di quello che si fece da Murat e da Manhès, francesi; e che se per la salvezza d'un dominio straniero da loro si potè tanto, che maraviglia che facessimo similmente noi per la salvezza d'Italia? I governi di Vienna e di Spagna ci saranno sempre nemici, in qualunque modo ci comportassimo. L'Inghilterra ci scongiura ad usar rigore, nè vede mai l'ora che ci assicuriamo. Quanto alla

Russia, se noi fuciliamo briganti, essa stermina un popolo inerme d'eroi.

Inoltre, io veggo un altro più grave pericolo. Oggi i briganti sono quasi tutti della nostra provincia. Or chi vi dice che i fanatici dell'Europa, vedendo di non aver potuto difendere il papa con l'armi regolari, non si gittino in quest'altra guerra da banditi? Allora la guerra diventerà universale in Italia, ci vedremo assaliti da tutti il punti da tutte le genti del mondo, e intanto il nostro superbo esercito s'andrà consumando lentamente, e l'Austria non avrà che a stender gli artigli per ripigliar l'Italia. Nè questo è vano timore, che già sappiamo molti di strane nazioni ritrovarsi fra' briganti.

XXXIII.

Condotti a tali estremi, gl'Italiani si stancheranno d'un governo che non ha saputo per mollezza difenderli a tempo, e per uno di quegl'impeti di disperazione ad essi naturale, si gitteranno ad ogni partito estremo. Allora, dall'orlo della sepoltura in cui si chiuderà il nostro popolo, sorgerà quell'ombra funesta di Giuseppe Mazzini. Squassando il suo schernito flagello rivoluzionario, buono soltanto ad appagar fanciulli o popoli senza consiglio, farà sentire quelle sue stucchevoli declamazioni di repubblica, di Roma, di fratellanza universale; e intanto eserciti stranieri occuperanno l'Italia dall'uno all'altro capo, nè il rimbambito tribuno resterà dal declamare, se non quando avrà veduto fino all'ultimo Italiano cadere sotto il ferro nemico.

O padre di Cavour e di Garibaldi, come ti chiama un nuovo Manuel di Napoli, così tu declamavi pure a Roma, mentre un'eroica gioventù condotta da Garibaldi si lasciava inutilmente fulminare dalle artiglierie francesi. Tu predicatore dell'unità d'Italia? Berchet, Rossetti, Foscolo e mille altri a te anteriori, l'hanno insegnata fino alle nostre balie ed a' fanciulli. Tu padre di Cavour e di Garibaldi ed in che li somigli? e quando hai combattuto come Garibaldi e pensato come Cavour? Vedi, non son io che t'accuso, ma è la voce d'un difensore di Roma, del morto Dandolo, il cui sangue ti dovrebbe soffocare.[6] Sì, perchè a Roma non si trattava di difender l'Italia, irreparabilmente caduta anche prima della resa della città, ma di sostenere un tuo capriccio, di farti rimanere ancora pochi dì in trono.

Or dunque in nome della monarchia italiana, in nome di quel Re che ha messo più volte la sua corona e la vita per il nostro paese, usate rimedi estremi contro i briganti. Salvate l'Italia, non tradite Vittorio Emanuele, non tradite colui che non ha voluto mai abbandonarvi ne' giorni più tristi, quando ognuno vi abbandonava. Ricordate ch'egli per voi ha fatto getto della sua piena autorità, per vedervi liberi s'è spogliato volontariamente di più gran parte del suo potere. Qual re al mondo ha fatto altrettanto? E voi, Generale Cialdini, abbiate pietà dei nostri soldati, che pur sono vostri compagni. Essi vi hanno intessuto sì bella corona di gloria a Castelfidardo ed a Gaeta: deh! risparmiate loro una morte inutile. Serbateli all'Italia, di cui sono il maggior vanto e sostegno e castigate gli assassini con le pene dovute agli assassini.

Generale Cialdini! l'unità d'Italia da voi ora dipende.

FINE.

---

[6] Dandolo, *I volontarii ed i bersaglieri lombardi*, Torino.

GIACINTO DE SIVO

STORIA DELLE DUE SICILIE 1847-1861

LIB. II PAR. 3

(1863)

Dopo tante testimonianze di parte filo-bonapartista, una fonte filoborbonica. De Sivo scrive grosso modo negli stessi anni di Montefredine, ma da un'ottica totalmente opposta: la sua è l'opera composta in esilio da parte di un uomo perseguitato e cacciato dal proprio paese in quanto fedele al vecchio regime borbonico. Manhès è dunque, dal suo punto di vista, il rappresentate di uno dei tanti eserciti stranieri che nel tempo hanno invaso e depredato il Regno di Napoli, fra i quali l'esercito piemontese è soltanto l'ultimo. Il generale murattiano è pertanto un flagello del meridione, scatenato alla scopo di sostenere a fatica la dominazione straniera, costi quel che costi: "tante ruine di popolazioni per sorreggere il trono a stranieri!". Oltretutto, ne sminuisce la fama di generale capace facendo notare come la sua maggiore impresa sia consistita nel trucidare la popolazione inerme.

Sul finir del 1810 andò in Calabria il general Manhes; de' cui misfatti inorridisce l'umanità. Questi nato a 4 novembre 1777 ad Aurillac del Candal, ambiziosissimo, che volea fama, buona o rea a ogni costo, stato Giacobino, aiutante di campo di Gioacchino, ora scelto dal Saliceti ebbe potestà dittatoria. Visto caduto indarno in più anni il fiore de' Francesi in quella guerra parteggiata, inventò nuovissimo supplizio di nazione. Spinse tutta la Calabria contro i Calabresi. Mise soldati in città per isforzar cittadini a combatter briganti. Liste di banditi, ordini a' popoli d'ucciderli, armar tutti e a forza, sospinger padri, figli e fratelli, contro fratelli, figli, e padri, mogli contro mariti, amici contro amici; togliere le greggi a' campi, la coltura alle terre, divieto di portar cibi fuor di città, inesorabile morte a qualunque si negasse; gendarmi e soldati, non a perseguitar briganti, ma a obbligar la pacifica gente a quelle atrocità; morti, busse, sangue, lagrime da per tutto; contadini, vecchi, femminelle, fanciulli fucilati per un briciol di pane in tasca; sciolti i legami sociali e naturali, non parentela, non amistà, non sesso, non rimembranze d'affetto tener più; spie, denunzie, vendette, tradimenti, menzogne, accuse, tutto lecito a salvar sè, pera il mondo. Poi supplizii subitanei, torture, membra mozze; padri co' figli trucidati; padri sforzati a veder prima di morire la morte de' figli; mogli premiate a contanti d'aver uccisi i mariti; giustiziate nudaci di bamboli di briganti, città disertate tutte, popolazioni intere condannate a morir ne' boschi, a esser rigettate fuori, pena la morte, da ogni abituro; preti in massa chiusi in fortezza; il Manhes pronunziare interdetti, abolire in pena i sacramenti, e sbanco il battesimo. Tante ruine di popolazioni per sorreggere il trono a stranieri! E così predicarono estirpato il brigantaggio! Cotesto Manhes sì bravo contro le pacifiche popolazioni, fuggì dal Liri, quando ebbe a combattere i Tedeschi invasori.

GIUSEPPE BUTTÀ

I BORBONI DI NAPOLI AL COSPETTO DI DUE SECOLI

LIB. I CAP. XXIII

(1877)

L'ultima fonte riportata risale al 1877. Ancora una volta, un autore filoborbonico; ancora una volta, un autore che guarda agli avvenimenti del 1810 con evidente allusione alle vicende successive all'Unità d'Italia, come se ne fossero stata una sorta di anticipazione. Rispetto a De Sivo, però, Buttà aggiunge un dettaglio importante: ciò che turbava la Calabria, infatti, non era brigantaggio inteso come un fenomeno di delinquenza comune, ma una *guerra di popolo* contro un invasore straniero, a cui si inframmezzavano, in misura minore e trascurabile, anche dei veri briganti. Manhès, dunque, non è più, come descritto da altri, un fedele servitore di un potere legittimo chiamato a pacificare una terra in preda all'anarchia, ma il rappresentante di un invasore straniero con il compito di reprimere nel sangue la ribellione degli autoctoni. Nel descrivere i dettagli, Buttà ammette di trarre gran parte delle informazioni da Pietro Colletta (un autore che, per utilizzare un eufemismo, non amava particolarmente), pertanto poco aggiunge ai fatti. Quello che cambia radicalmente è l'interpretazione: le stesse crudeltà di Colletta, viste da un'altra prospettiva, non sono più un male necessario, ma "scene da cannibali".

Nel tempo che Murat trovavasi in Calabria la rivolta infieriva contro le truppe francesi e costoro erano assaltati fin dentro il campo e vessati in tutti i modi; i sollevati delle Calabrie, del 1810, furono tutti qualificati briganti dal governo murattiano. In verità vi erano comitive armate, che non combatteano gli stranieri invasori, ma la gente ricca; nopertanto vi erano eziandio innumerevoli bande che si batteano per iscopo politico; e quindi maliziosamente si han voluto sempre qualificare di *briganti* tutti coloro che in questo Regno han combattuto le signorie straniere.

Un giorno fu arrestato un vero brigante; presentato a Murat; presentato a Murat, francamente gli disse che era un ladro, un assassino; ma che meritava di essere perdonato, perchè il giorno precedente avrebbe potuto ucciderlo sopra i monti di Scilla; ei soggiunse dicendogli: « Avea preparato l'arme, ma mi trattenne il vostro aspetto maestoso e regio: Maestà, se ieri uccideva il re, oggi non saria in arresto e vicino a morte.» Murat, che amava le adulazioni dirette alla sua persona e alla sua sovranità, fece grazia a quel brigante e libero lo mandò via. Son portato a credere che l'avrebbe fatto fucilare, se quel tristo soggetto non fosse stato tale, ma un semplice partigiano de' Borboni; dappoichè quel novello sovrano era soltanto crudele contro tutti coloro che osavano contrastare il suo regio potere.

Gioacchino, volendola finire a qualunque costo con le bande borboniche, diè amplissima facoltà al generale Manhes per distruggerle, qualificandole quali comitive brigantesche. Manhes era francese, giovane e di bello aspetto, assiduo al lavoro ed attaccato al suo dovere; ma era un mostro di crudeltà; egli reputava la vita degli uomini non più interessante di quella degl'insetti che ci molestano. Perlocchè, nel 1810, pubblicò leggi in Calabria che fanno fremere l'umanità; ei le fece eseguire, con una efferatezza inimitabile, ad onta che il male è molto facile a limitarsi dall'umana malizia. Pubblicò la lista di tutti coloro che supponea briganti, per la sola ragione che non si trovavano in seno alle loro famiglie, e diè ordine a' cittadini di ucciderli in qualunque siasi modo. Fece trasportare il gregge in luoghi chiusi e guardati; sospese i lavori agricoli per togliere a' così detti briganti i mezzi di sussistenza, e di ricevere soccorsi dagli amici e parenti; così facendo, togliea i mezzi di sussistenza ad intiere ed innocenti popolazioni! Ordinò, sotto pena di morte, al padre di accusare il figlio, alla madre i figli creduti *briganti*; e tutti i cittadini minacciati di fucilazioni se non avessero denunziato o avessero corrispondenze innocue con gli stessi. Insomma, Manhes, co' suoi editti, sciolse i vincoli sociali e quelli della stessa natura!

Tutte quelle leggi ed ordini furono eseguiti con un rigore spaventevole da far raccapricciare l'animo più perfido, e al confronto far desiderare la stessa immanità dei cannibali. Basta leggere gli *Annali di Calabria Citeriore dal 1806 al 1810* per Luigi Maria Greco, per rimanere spaventati e quasi increduli, cioè che gli uomini giungessero a tanto eccesso di efferatezza contro i loro simili, qualunque si fossero i delitti di costoro. Lo stecco Colletta allora intendente di Monteleone, nella sua *Storia del Reame di Napoli*, racconta crudeltà perpetrate da Manhes, da spaventarci; io ne accennerò alcune da questi ed altri storici contemporanei, per darne una pallida idea a' miei lettori.

Una povera donna di Nicastro, perchè raccolse un bambino, figlio di genitori fuggitivi, fu fatta seviziare e poi uccidere da Manhes. Costui faceva orribilmente mutilare i così detti briganti o aderenti, e poi li facea uccidere con modi i più spietati. Cinque individui furono uccisi per ordine di quel generale, sol perchè erano parenti di un brigante; due erano donne, la moglie e la madre del suddetto brigante, gli altri i fratelli e il vecchio padre. Certo Gambacorta di Cosenza, tenente di gendarmeria, braccio destro di Manhes, incontrò undici individui tra donne e fanciulli, che si recavano in una masseria per faticare, e perchè portavano un poco di pane per isfamarsi, supponendo il Gambacorta che lo portassero a' briganti, li fè tutti assassinare. Una giovane madre, tra quelli undici uccisi, si era offerta ad essere martirizzata per salvar la vita ad un suo figliuoletto; Gambacorta in risposta squarta con le sue mani il fanciullo alla presenza della madre supplichevole, e poi uccide costei.

Un Lorenzo Benincasa, veramente capo di una comitiva brigantesca, si presentò con 12 compagni al comandante militare, profittando di un finto editto di perdonanza. Ma fu quello un pretesto per ritornar libero in Lambiase sua patria, ed assassinare il Sindaco di quel paese, signor Cataldi, insieme a due fratelli, che prima seviziò, ed avendoli uccisi, li appese ad alcuni alberi di olivi. Manhes, trovandosi allora in Nicastro, appena intese quei fatti, corse a Lambiase; ed avendo in corpo la fucilomania, in cambio d'inseguire la banda di Benincasa, fece fucilare il capo della milizia urbana, signor Funano, e l'arciprete signor Grasso, tutti e due vittime innocenti. Benincasa venne arrestato mentre dormiva nel bosco di Cassano, essendo stato tradito da un suo dipendente; fu condotto a Cosenza, ove ebbe mozzate ambe le mani senza dare un lamento, invece celiava co' suoi custodi circa la bella figura che facevano le sue braccia senza mani! Condotto in S. Giovanni in Fiore, fu appeso alle forche e morì con brutale intrepidezza.

Un tal Parafanti di Scigliano, divenuto brigante perchè compromesso co' francesi ed inseguito ad oltranza da' medesimi, era capo di una facinorosa comitiva armata, conducendo seco la moglie, la quale combattesa con un coraggio di gran lunga superiore al suo sesso. Fu egli sorpreso nel bosco di Nicastro da' militi, mandati da Manhes, a' quali fece una lunga e disperata resistenza. Gli caddero morti a' suoi fianchi quasi tutti i suoi compagni e la sua donna; ed egli resistè solo e terribile a' suoi nemici; cadde però quando una palla di moschetto gl'infranse una gamba. Benchè si supponesse morto, nessuno dei militi osava avvicinarlo; uno di costoro per l'ingordigia di spogliarlo di quanto avea addosso, si gettò sul caduto; Parafanti l'afferra con un braccio e lo stringe a sé, con l'altra mano, caccia un lungo stile, lo spinge tanto furiosamente e con forza che trapassa il corpo del milite ed il suo.....! Que' due fiori nemici, forse senza conoscersi e senza individuali rancori, spirano bestemmie in orrendo amplesso!

Non la finirei più se volessi dire la millesima parte delle immanità che perpetrarono le bande calabresi in comitive brigantesche, e più di tutto quanto di crudele e di orribilmente inumano fece Manhes per distruggere quelle bande, ed assassinare i pacifici ed onesti cittadini. Basta dire, ch'egli, dopo di aver ricevuto cordiale ospitalità e pranzato alla tavola di qualche ricco calabrese, in odore di carbonarismo, lo facea dippoi fucilare in casa propria, alla presenza della moglie e de' figli!

Oh! L'anima più spietata non potrebbe reggere al racconto di quelle efferatezze ed atroci delitti consumati, nel 1810, da un generale straniero in tre nobili province di questo sventurato Reame. Per non attristare di troppo i miei benevoli lettori, giova stendere un velo sopra quelle scene da cannibali, ripetendo: *est Deus in Israel*. Attendiamo altri pochi anni, e sentiremo rumoreggiare la sua terribile folgore per colpire gl'inumani potenti che insanguinarono due secoli!

Manhes acquietò le Calabrie, come i turchi acquietarono una della più gloriose città della Grecia moderna, Missolungi! Fu lodato e premiato da Gioacchino Murat; questo soldato re, già l'ho detto, era umano, era generoso e cavalleresco, quando però non gli si contrastava il suo regio potere. Egli, cresciuto ed abituato a' massacri de' soldati su' campi di battaglia, alle stragi de' popoli di Spagna, ai dolori e all'esterminio dell'umanità, tutto ciò riguardava qual vero sgabello per salir sublime.

INDICE

5 Maledetto e benedetto per sempre - di Marcello Donativi

MANHÈS – UN GENERALE CONTRO I BRIGANTI

13 L. G. MICHAUD – Biographie des hommes vivants

17 J. B. DE COURCELLES – Dictionaire historique et biographique des généraux francais

23 C. BOTTA – Storia d'Italia dal 1789 al 1814

29 P. COLLETTA – Storia del reame di Napoli dal 1734 al 1825

37 C. MULLIÉ – Biographie des célébrités militairesdes armées de terre et de mer de 1789 à 1850

41 F. MONTEFREDINE – Memorie autografe del generale Manhes intorno a' briganti

89 G. DE SIVO – Storia delle Due Sicilie 1847-1861

93 G. BUTTÀ – I Borboni di Napoli al cospetto di due secoli

PILLOLE PER LA MEMORIA

1 GIUSEPPE BUTTÀ, *Un viaggio da Boccadifalco a Gaeta*
2 VITTORIO ALFIERI, *Il Misogallo*
3 ENRICO MORSELLI, *L'umanità dell'avvenire*
4 ALBERTO MARIO, *La camicia rossa*
5 CARMINE CROCCO, *Come divenni brigante*
6 MASTRO TITTA, *Memorie di un boia*
7 NAPOLEONE COLAJANNI, *Nel regno della mafia*
8 GIACINTO DE SIVO, *Storia delle Due Sicilie 1847-1861*, vol. I
9 GIACINTO DE SIVO, *Storia delle Due Sicilie 1847-1861*, vol. II
10 GIUSEPPE BUTTÀ, *Edoardo e Rosolina o le conseguenze del 1861*
11 GIUSEPPE BUTTÀ, *I Borboni di Napoli al cospetto di due secoli*, vol. I
12 GIUSEPPE BUTTÀ, *I Borboni di Napoli al cospetto di due secoli*, vol. II
13 GIUSEPPE BUTTÀ, *I Borboni di Napoli al cospetto di due secoli*, vol. III
14 BASILIDE DEL ZIO, *Il brigante Crocco e la sua autobiografia*

SCARICA GRATIS L'EBOOK
DI QUESTA OPERA
IN FORMATO EPUB

www.edizionitrabant.it/atgr7
PASSWORD: **tyu453h93**

www.ingramcontent.com/pod-product-compliance
Lightning Source LLC
Chambersburg PA
CBHW020014050426
42450CB00005B/473